Orhan Pamuk
DER TROST DER DINGE

LENBACHHAUS

Orhan Pamuk

DER
TROST
DER
DINGE

Münchner Ausgabe

HANSER

Ich mag Dioramen, ich mag den Dadaismus, und ich mag den Surrealismus! Und verknüpfen lassen sich diese Neigungen am besten in Museen. Gleich Dioramen lassen Museen die Welt schrumpfen, verwandeln sie in ein Spielfeld, das unsere Neugier weckt, und händigen sie uns wieder aus. Besteht der Dadaismus im weitesten Sinne in der Kunst, vorhandene Dinge und Bilder zu zerschneiden und neu zusammenzusetzen, so lässt sich über Museen durchaus das Gleiche behaupten. Die Produkte des Surrealismus, dieser durch ein Manifest geregelten dogmatischen Kreativitätstheorie, können wir nicht im wirklichen Leben beobachten, sondern nur in Museen und Galerien. Dadaistische und surrealistische Werke und Dioramen sehen wir hinter Vitrinenglas. Sobald etwas gerahmt oder in einer Vitrine ausgestellt wird, gewinnt es an neuer Bedeutung, löst neue Assoziationen aus, hilft uns dabei, neue Gedanken und Visionen zu entwickeln. Benachbarte Gegenstände beginnen auf unerwartete Weise miteinander zu kommunizieren. Genau darauf gründen die Existenz und die innere Logik der Dinge und Werke, die ich im Museum der Unschuld ausgestellt habe.

Das Museum der Unschuld ist ein Liebesroman, den ich 2008 in Istanbul publiziert habe. Im unter demselben Namen 2012 eröffneten Museum sind Dinge und Ansichten ausgestellt, die von den beiden verliebten Protagonisten gesehen, berührt oder begehrt wurden.

Doch in der Geschichte wird dargelegt, dass das Museum und die Gegenstände darin bei der Hauptfigur Kemal nicht den Ausgangspunkt bilden. Kemal, der vom kulturellen und sozialen Hintergrund her Ähnlichkeiten mit mir aufweist, ist unsterblich verliebt, kann sich aber seiner Angebeteten nicht in dem Maße nähern, wie er es wünscht. Schließlich entdeckt er, dass es seinen Schmerz lindert, wenn er Objekte, die ihn an sie erinnern, besitzen und berühren kann. Im Roman nenne ich das den Trost der Dinge. Kemal wird also zum Sammler, um seinen Liebesschmerz in den Griff zu bekommen. Als er gegen Ende des Romans die Gegenstände in einem Museum ausstellt, beginnt er über dessen architektonische Gestaltung und Ästhetik zu philosophieren.

Um in den Dingen Trost zu finden, müssen wir uns ihnen auf eine bestimmte Weise nähern, müssen sie voller Einfühlungsvermögen aufbewahren und sie sogar ausstellen. Als ich am Roman schrieb, hatte ich den Gedanken eines Museums schon im Kopf. Gegen Ende des Romans sollte Kemal erahnen, dass es sich bei seinem Museum um eine Art »Liebesdenkmal« handeln würde. Und so wie Kemal Dinge anhäufte, sammelte ich parallel dazu von meinen Protagonisten benutzte Gegenstände – Kleider, Schuhe, Taschen, Ausweise, Küchengerät, Haarspangen etc. – und betrachtete sie während des Schreibens immer wieder. Die Romanleser wiederum sollten beim Besuch des Museums die Objekte antreffen, die Teil des fiktionalen Geschehens waren.

Ich wollte damit die Beziehung erforschen, die zwischen Fiktion und Wirklichkeit besteht, zwischen Dingen und der Erinnerung an sie, zwischen dem Alltagsleben und Gesprächsgegenständen. Aus meinem gescheiterten Jugendtraum heraus, ein Maler zu werden, ein Künstler (oder gar wie Le Corbusier Maler und Architekt zugleich), bemühte ich mich nun, mir das Museum nicht nur als Kunstwerk, sondern auch als Ausläufer einer fiktiven Geschichte vorzustellen und diese Vorstellung tatsächlich umzusetzen, also in einer Istanbuler Straße ein echtes Museum zu erbauen.

Eigentlich war geplant, dass zum Erscheinungstag des Romans auch das Museum öffnen sollte. Der Roman sollte eine Art mit Anmerkungen versehener Katalog der Ausstellungsobjekte sein. Als ersten Gegenstand sah ich etwa einen Ohrring vor, der für einen der dramatischsten Augenblicke der Liebesgeschichte zwischen Füsun und Kemal stand. Im Museum sollte zuallererst jener Ohrring ausgestellt und seine Geschichte erzählt werden. Indem ich die Gegenstände in eine bestimmte Reihenfolge brachte und ihre Geschichte im gleichen Rhythmus erzählte, würde mein angereicherter Museumskatalog die Leser in den Genuss einer Liebesgeschichte bringen und wie ein Roman gelesen werden können.

Gestalter und Leiter von Museen wissen darüber Bescheid, dass Museen in vielfacher Hinsicht Wohnhäusern gleichen, in denen ein bestellter Schreiner nicht rechtzeitig kommt, der Maler mit seiner Arbeit nicht fertig wird und endlose technische Probleme auftauchen. Mein Roman schritt rasch voran, doch mit dem Museum wollte es nicht vorwärtsgehen. Mein Liebesroman wurde 2008 veröffentlicht, die auszustellenden Objekte hatte ich angesammelt, und das Gebäude, in dem meine Protagonisten lebten, wurde zum Museum umgebaut, konnte jedoch erst mit vier Jahren Verspätung mit Hilfe meines Freundes, des deutschen Architekten Gregor Sunder-Plassmann, im Jahr 2012 eröffnet werden. Die hier ausgestellten Objekte, die sich auf den Roman beziehen, entstammen alle dem Museum der Unschuld in Çukurcuma.

Von den 250 000 Menschen, die im Verlauf der letzten zehn Jahre das Museum in Istanbul besucht haben, hatte nur ein Viertel den Roman zuvor gelesen. Ein weiteres Viertel gab an, entweder andere Bücher von mir gelesen zu haben oder den Roman nach dem Museumsbesuch lesen zu wollen. Zum dritten Viertel gehören die Leute, durch die ich mich am meisten dazu ermutigt fühlte, diese internationale Ausstellung zu gestalten, denn es waren Menschen, bei denen das Interesse weder meinen Büchern insgesamt noch dem Roman *Das Museum der Unschuld* im Besonderen galt, sondern vielmehr den visuellen Qualitäten des Museums, der Art, wie die Gegenstände in den einzelnen Vitrinen zusammengestellt waren (ihrer »Assemblage«), sowie der dadurch insgesamt entstandenen Atmosphäre. Das letzte Viertel wiederum

Museum der Unschuld, Istanbul

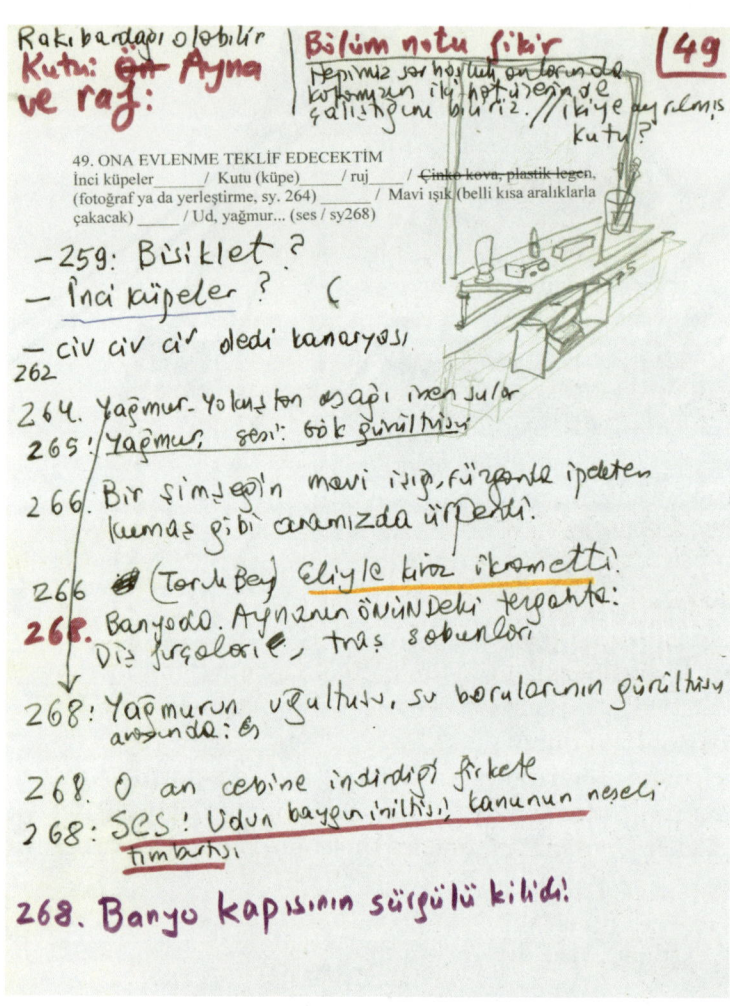

Rakı bardağı olabilir
Kutu: Ayna
ve raf:

Bilim notu fikir
Hepimiz serhoşluğun arkasında
kurtanlan iki not... üzerinde
çalıştığını biliriz. // İkiye ayrılmış
kutu?

[49

49. ONA EVLENME TEKLİF EDECEKTİM
İnci küpeler_____ / Kutu (küpe)_____/ ruj____ / Çinko kova, plastik leğen.
(fotoğraf ya da yerleştirme, sy. 264)_____ / Mavi ışık (belli kısa aralıklarla
çakacak) _____ / Ud, yağmur... (ses / sy268)

– 259: Bisiklet?
– İnci küpeler?   (
– civ civ civ dedi kanaryası.
262

264. Yağmur. Yokuştan aşağı inen sular
265! Yağmur, sesi: Gök gürültüsü

266. Bir şimşeğin mavi ışığı, füzenle ipekten
kumaş gibi aramızda ürperdi.

266 (Torik Bey) Eliyle kiraz ikram etti.

268. Banyoda. Aynanın önündeki tezgahta:
Diş fırçaları, traş sabunları

268: Yağmurun uğultusu, su borularının gürültüsü
arasında: 🜲

268. O an cebine indirdiği firkete
268: SES! Udun baygın iniltisi, kanunun neşeli
timbalısı

268. Banyo kapısının sürgülü kilidi!

Skizze zu: Ich wollte ihr einen Heiratsantrag machen

bestand aus Leuten, die auf Empfehlung von Freunden kamen und weil das Museum sich unerwarteterweise zu einem regelrechten Istanbuler Touristenmagneten entwickelt hat.

Beim Erscheinen des Romans 2008 hatte ich die meisten darin vorkommenden Objekte bereits zur Hand. Es handelte sich dabei sowohl um zwischen 1950 und 2000 in Istanbul in Gebrauch befindliche Gegenstände (Readymades) als auch um im Roman erwähnte, gewissermaßen fiktive Dinge, die im wirklichen Leben keine Entsprechung hatten, sodass sie erst hergestellt werden mussten (wie etwa die Flasche für die Brauselimonade Meltem und das Reklamefilmchen dazu). Wie sollte ich echte und erfundene Objekte ausstellen (aus deren Vermischung sich noch dazu ontologische Zwischenkategorien ergaben)? Hier kam mir meine Neigung zu Dioramen, zum Dadaismus und zum Surrealismus zupass.

Die Objekte verwandelte ich in Bilder und Kunstwerke. Gleich zu Beginn wurde mir klar, dass jedem Buchkapitel genau eine Vitrine entsprechen sollte, und von manchen fertigte ich schon während des Schreibens Skizzen an. Der Romanheld Kemal spricht ja stellenweise die Leser direkt an und erläutert wie ein Museumsführer, was er gerade ausstellt. Darüber, wie die von Kemal gesammelten Gegenstände zu Kompositionen verarbeitet werden sollten, machte ich mir anfangs noch nicht viele Gedanken, doch ergab sich das aus meiner geradezu kindlichen Freude daran, auf witzige Weise Dinge zu zerlegen und neu zusammenzusetzen und dadurch eine poetische visuelle Welt zu erschaffen.

Den Sommer des Jahres 1959 verbrachte ich in Genf, da mein Vater dort beruflich zu tun hatte. In einem Bahnhofsschaufenster entdeckte ich dort eines Tages ein Diorama, in dem ein Zug von Bahnhof zu Bahnhof durch die Schweizer Berge fuhr. Abend für Abend flehte ich meine Eltern an, sie sollten mich wieder dorthin bringen. Was mich damals so faszinierte, tut es auch heute noch. Zu den Inspirationsquellen für das Museum der Unschuld gehören etwa der deutsche Grafiker und politische Aktivist John Heartfield mit seinen poetischen Fotomontagen sowie natürlich Max Ernst, René Magritte oder Marcel Duchamp. Was die Technik der Collage und der Vitrinen angeht, stehe ich auch unter dem Einfluss der sehr eigenständigen dadaistischen und surrealistischen Künstler Kurt Schwitters, Juan Gris und Joseph Cornell, die sich wiederum gegenseitig beeinflusst haben. Nicht zuletzt verdanke ich einiges den »Wunderkammern« oder »Kuriositätenkabinetten«, jenen Frühformen der Museumskultur.

Obwohl mir all jene Inspirationsquellen stets sehr bewusst waren, hatte ich keine große Angst, meinen Einflüssen zu sehr zu unterliegen, was wohl der Originalität des Bezugs zwischen Roman und Museum geschuldet ist, die mich über so manches hinwegtröstete. Was ich hier schuf, war schließlich kein Bild, sondern ein Museum.

Ich verwehre mich nicht dagegen, wenn das Museum der Unschuld als Installation bezeichnet wird, doch möchte ich betonen, dass es sich bei dem Museum zwar um Konzeptkunst handelt, mich aber die im alten Sinne »bildlichen« Eigenschaften und das Dreidimensionale, Figürliche mehr interessieren.

Als ich mich 1995 mit meinem Projekt zu befassen begann, förderte eine Internet-Suche nach Titeln über Museologie nicht mehr als ein paar Dutzend Werke zutage, heute sind es zehn Mal so viele. Im letzten Vierteljahrhundert hat das allgemeine Interesse an Museen zugenommen und ist vielfältiger geworden, und Museen haben sich zu gesellschaftlichen Foren entwickelt. Kunsthistoriker und Museumstheoretiker haben neue Klassifikationen geschaffen und neue Begriffe geprägt, und einer davon ist das »Poetische Museum«. Das Museum der Unschuld ist ein solches »Poetisches Museum«.

Die Gemeinsamkeit zwischen der von Marcel Proust geprägten Thematik von Gedächtnis und Erinnerung sowie der von den Surrealisten hochgehaltenen Welt der Träume ist eben auch das Poetische. Für mich sind Träume ohnehin so etwas wie dadaistische Collagen und poetische Erinnerungen. Die einfachsten Dinge, Bilder und Begebenheiten aus dem Alltagsleben können in Träumen, Dioramen und dadaistischen Collagen poetische Kraft gewinnen. Eine Formel für solche Zauberkombinationen gibt es leider nicht. Als ich damit begann, die mir zur Verfügung stehenden Objekte nach und nach in Vitrinen bzw. Rahmen zu platzieren, blieb mir nichts anderes übrig, als nach Versuch und Irrtum vorzugehen. Ich stellte etwas in eine Vitrine, trat ein paar Schritte zurück und fragte mich: »Ist das schön so? Ergibt es Sinn?« Manchmal sage ich mir voller Zuversicht, dass ich über diese Vorgehensweise vielleicht einen neuen Stil entwickelt habe.

Im »Zwiegespräch« mit den Werken in den Dresdner und Münchner Kunstsammlungen ging ich ebenfalls so vor, dass ich bei der Gestaltung der neuen Vitrinen immer wieder Objekte, Bilder und Readymades benutzte, sie nebeneinanderstellte und mich voller Hingabe und manchmal auch Hilflosigkeit bemühte, daraus etwas Neues, zuvor noch nicht Existierendes herauszuholen. Dabei versah ich die neuen Werke manchmal mit Skizzen, nahm wieder etwas auseinander, setzte es neu zusammen. Ich blätterte in geliebten alten Büchern und versuchte wie im Museum der Unschuld, die den Dingen innewohnende Poetik zutage zu fördern, die »Aura« sichtbar zu machen, von denen sie umgeben sind, und sie untereinander zum Sprechen zu bringen. In dem Maße, in dem wir uns geistig und seelisch um etwas bemühen, tröstet es uns. Um diesen Trost zu empfangen, müssen wir die Dinge überhaupt erst bemerken, uns daran gewöhnen, sie mit anderen Augen zu sehen. Voller Liebe und Intuition müssen wir neu entdecken, was sie in unserem Leben für einen Zauber ausüben.

Ich wollte ihr einen Heiratsantrag machen

Seit der zunehmenden Massenfertigung sowohl von Gegenständen als auch von Bildern im Verlauf des 20. Jahrhunderts bemängeln kritische Stimmen, Bilder und Gegenstände büßten dadurch an Sinn ein und das moderne Individuum werde durch die Verdinglichung der zwischenmenschlichen Beziehungen entfremdet. In seinem viel zitierten Aufsatz aus dem Jahr 1935 *Das Kunstwerk im Zeitalter seiner technischen Reproduzierbarkeit* behauptete Walter Benjamin, durch die Massenfertigung würde den Dingen ihre »Aura« verlorengehen. Maschinell gefertigte Gegenstände und Bilder büßten an Authentizität ein und würden uns daher weniger ansprechen.

Dass ich dem nicht zustimme, möchte ich anhand dieser Ausstellung erläutern. Natürlich wäre es mir recht, wenn es sich bei einem abgebildeten Manuskript von Franz Kafka in einem Museum oder beim Bild eines Aquarells von Victor Hugo um Originale handeln würde, aber ich weiß auch, dass das unmöglich ist. Durch Lichteinwirkung würden diese Werke innerhalb kürzester Zeit beschädigt, und so bekommen wir Fotokopien zu sehen. Museumsfachleute beschäftigt die moralische Frage, wie Besuchern dies zu vermitteln ist. Darin liegt aber nicht die Essenz der Beziehung zwischen dem ausgestellten Objekt und seiner tieferen Bedeutung. Nicht in der von Benjamin propagierten »Authentizität« liegt der bedeutendste Wert eines Museums, eines Kunstwerks, sondern darin, in welchen Zusammenhang mit anderen Objekten, mit anderen Menschen es gestellt wird, in welche Beziehungen. Das von einem Foto abgekupferte, als Massenware gefertigte Bildchen eines Filmstars in einer Schokoladenverpackung kann eine authentischere und einzigartigere Aura ausstrahlen als ein Ölgemälde, denn jener Filmstar hat an der Poesie unserer Erinnerungen teil. Die aus Zeitungen und Zeitschriften ausgeschnittenen Bilder und die Bälle und Tänzerinnen aus Plastik, die Joseph Cornell in seinen Vitrinen verwendete, erscheinen mir nicht weniger echt und einzigartig als von mittelalterlichen Handwerkern geschaffene Gegenstände. In meinen Werken habe ich digitale Kopien und Kopien von Kopien mit handwerklich gefertigten Originalobjekten vermischt. Auch habe ich nicht vergessen, dass ich im Istanbul meiner Kindheit, in dem es weder klassische noch moderne Kunstmuseen gab, die Werke westlicher Kunst von Raffael bis Monet, nach denen ich so gierte, zuallererst in schlechten Nachdrucken und in Reproduktionen auf der mittleren Doppelseite der Wochenzeitschrift *Hayat* zu sehen bekam. Entscheidend ist nicht, wie echt oder einzig Dinge und Bilder sind, sondern was sie für Gefühle und Erinnerungen in uns wachrufen. Und Poesie sprechen wir wohl den Gegenständen zu, die uns zu Erinnerungen und zu Träumen befähigen. Stellen wir uns vor, wir haben uns vor zwanzig Jahren im Kino einen Film angesehen. Die Kinokarte haben wir in unsere Manteltasche gesteckt, in die wir zwanzig Jahre später zufällig wieder greifen und auf die Karte stoßen. Sie wird uns an den

Film erinnern, den wir längst vergessen hatten, was wir wiederum auch schon vergessen hatten. Dieses Erinnern ist nur ein Beispiel für die tröstende Kraft der Dinge.

Lassen Sie mich im Zusammenhang mit dieser Ausstellung eine Bemerkung zu dem von mir verehrten Marcel Proust machen. Bekanntermaßen löst der Verzehr einer Madeleine bei Prousts Protagonisten Erinnerungen an weit zurückliegende Ereignisse aus. Zur Madeleine hatte er allerdings keineswegs gegriffen, um in die Vergangenheit zurückzukehren, sondern der Gegenstand – die Madeleine – hatte eine Erinnerung ausgelöst, was von ihm gar nicht beabsichtigt war. Kemal dagegen, der Held von *Das Museum der Unschuld*, wurde ganz bewusst zum Sammler, um sich an seine verlorene Geliebte zu erinnern, seinen Liebesschmerz zu lindern und sich an der tröstenden Kraft der Dinge aufzurichten. Im *Museum der Unschuld* ist das Erinnern etwas, worauf man abzielt. Nachdem Kemal das Tröstende an den Dingen entdeckt hat, fängt er an zu sammeln, um sich in der Zukunft an das Jetzt zu erinnern. Dabei geht er so weit, dass ihm das Jetzt weniger wichtig ist als die spätere Erinnerung daran.

Da sich im Verlauf unseres Lebens die Dinge mit unseren Erinnerungen vermischen, erlangen sie wie von selbst eine Poesie, die mit der Macht der Erinnerung ausgestattet ist. Darum gibt es auch Menschen, die sich von nichts trennen können.

Was aber ist mit Gegenständen, die wir nie benutzt haben? Die industriell hergestellt und von anderen benutzt wurden? Kann auch ihnen eine Erinnerungskraft oder etwas Poetisches innewohnen? Eine bescheidene Nebenfunktion des Museums der Unschuld besteht darin, dass es den Istanbulern ein Panoptikum aus dem Alltagsleben der Stadt zwischen 1950 und 2000 bietet.

Ich habe eine Vorliebe für Paul Cézannes Stillleben, in denen er so einfachen Gegenständen wie einem Apfel oder einer Orange eine solch ungeteilte Aufmerksamkeit widmet, dass daraus Poesie entspringt. Bei Giorgio Morandi, der wieder und wieder die gleichen Alltagsgegenstände malte, erfahren wir, dass die Essenz nicht auf der Wahrhaftigkeit der Darstellung beruht, sondern auf der Intensität unseres Blickes darauf.

Gustave Flaubert neigt zu meinem Vergnügen dazu, seine Geschichten um bestimmte Gegenstände herum anzuordnen. Vladimir Nabokov wiederum benutzt Dinge nicht als Stellvertreter für die von seinen Protagonisten erlebten Dramen, sondern um auf eine größere Welt zu verweisen, die sich der Logik der erzählten Geschichte entzieht. Georges Perec widmet Gegenständen ein derartiges Interesse, dass sich bei ihm sogar Aufzählungen wie Gedichte lesen. Von all diesen Schriftstellern und Künstlern steckt natürlich etwas in meinem Roman und in den Vitrinen, die sich auf die einzelnen Romankapitel beziehen.

Wer diese Ausstellung besucht, ohne meinen Roman gelesen zu haben, dem sei versichert, dass man das Buch nicht zu kennen braucht, um von der Ausstellung etwas zu haben. Wer es wiederum gelesen hat, sei darauf verwiesen, dass das Museum der Unschuld, aus dem hier vierzig Vitrinen präsentiert sind, nicht etwa eine »Illustration« des gleichnamigen Romans darstellt. Zwischen Roman und Museum besteht eine komplizierte, geheimnisvolle Beziehung, über die nicht einmal ich selbst genau Bescheid wissen möchte, wenn ich mich auch bemüht habe, sie ein wenig dadurch zu erforschen und erneut zu erleben, dass ich unter dem Einfluss der im Münchner Lenbachhaus und den Dresdner Museen gesehenen Gegenstände neue Vitrinen angefertigt habe.

Nun habe ich mich auf den ersten Seiten, in denen ich einige allgemeine Gedanken angestellt habe, vielleicht schon mehr als ausführlich geäußert. Das Schreiben von Romanen und das künstlerische Gestalten befriedigen zwei nicht weit voneinander entfernte Teile meiner Seele. Am besten wohl, ich schreibe eines Tages einen Roman über einen Maler, einen Künstler. Diese Ausstellung und dieser Begleitband sind gewissermaßen Vorbereitungen auf jenen Roman und auf die Werke jenes Malers.

EINLEITUNG
ZU EINEM MANIFEST

Was ich hier schreiben werde, beruht auf meiner fünfzigjährigen Erfahrung, doch auch wer es nicht selbst erlebt hat, weiß es aus Büchern: Ob in der bildenden Kunst oder in der Literatur, gibt es für Kreativität, also für künstlerische und literarische Energie, zwei grundsätzliche Ansätze:

1. Den auf Vernunft, Logik und Planung beruhenden kreativen Vorgang. Wenn der Autor bzw. Künstler in diesem Modus ist, folgt er einer bestimmten Logik und geht bei der Erschaffung seines Werks/Buchs berechnend und reflektierend vor. Wenn er in diesem Seelenzustand ist, weiß er, was er tut, oder denkt dies zumindest. An den Punkt künstlerischer, literarischer Wertschöpfung gelangt er durch bewusste Aufmerksamkeit.

2. Den planlosen, von jeder Logik und Berechnung losgelösten kreativen Vorgang. Der Autor/der Künstler überlässt sich den Befehlen eines gleichsam außerhalb seines Verstandes liegenden Zentrums, einer fremden Energie. Dieses Zentrum ließe sich als Unterbewusstsein bezeichnen, als Gott, als Seele, als Dunkles, Ich, Unlogik, Traum, oder wie auch immer sonst. Wenn der Künstler sich in diesem Zustand befindet, weiß er nicht genau, was er tut, will es nicht wissen, tut so, als wüsste er es nicht, oder denkt daran, dass er es nicht weiß. Vielleicht ist ihm irgendwie sogar bewusst, dass er nur deshalb so rasch vorwärtskommt, weil er eben nicht weiß, was und wie und warum er etwas tut.

Wie wiederum jedermann weiß und ich es aus meiner langen Erfahrung heraus nur bestätigen kann, entstehen ein gutes Kunstwerk und ein guter literarischer Text aus einer Mischung der beiden kreativen Ansätze heraus. Manchmal muss der erste den Vorrang haben, manchmal der zweite. Einem Werk, das jahrelang mit dem ersten Ansatz vorangetrieben wurde, kann durch einen Tupfer des zweiten der entscheidende Schub verliehen werde. Umgekehrt kann einem Gedanken, der innerhalb eines Augenblicks, innerhalb von zehn Sekunden plötzlich vor einem steht, danach durch jahrelange planvolle, disziplinierte Ausführung die nötige Tiefe und »Echtheit« verliehen werden. Das Museum der Unschuld, und zwar sowohl der Roman als auch das Museum an sich, ist durch eine solche Formel entstanden.

Es geht mir oft so, dass mir beim Gehen, Schwimmen, Trinken, Schlafen oder aber in schlaflosen Nächten plötzlich ein reizvoller Gedanke kommt wie eben jener, einen Roman in Form eines mit Anmerkungen versehenen Museumskatalogs zu verfassen! Die im Museum ausgestellten Dinge sollten von den Protagonisten benutzte, gesehene oder ersehnte Gegenstände oder Bilder sein! Ich würde sowohl den Katalogroman schreiben als auch das Museum erschaffen. Und der Roman sollte am Tag der Museumseröffnung erscheinen!

Es sollte zwanzig Jahre dauern, bis jener Gedanke von damals verwirklicht war. Als der Roman herauskam und vier Jahre später das Museum seine Pforten öffnete, wurden mir immer wieder dieselben Fragen gestellt:

»Das ist ja alles gut und schön, aber was soll es eigentlich? Warum hast du das gemacht? Welcher Sinn steckt dahinter? Was willst du damit zeigen oder beweisen? What is the point?«

Wo ein Einzelner oder eine Gruppe von Freunden etwas grundstürzend Neues geschaffen hat oder doch zumindest dieser Meinung ist, wird als Reaktion auf derlei Fragen gerne ein Manifest veröffentlicht. (Das berühmteste und schlagendste Beispiel dafür ist André Breton mit seinem Manifest des Surrealismus.) Im Zusammenhang mit einem Manifest geschehen in der Regel drei Dinge.

1. Ein neuer Gedanke, ein neues Werk oder ein Ensemble von Werken wird lanciert. Das Neue daran wird beschrieben und erläutert und für die Kunst- und Literaturwelt zusammengefasst.

2. Es werden Feinde der neuen Richtung erfunden und damit betont, wie neu und wahrhaftig sie ist. Da die Feinde hässliche, dümmliche, dem Alten verhaftete Grobiane sind, verleiht ihre Existenz Punkt 1 mehr Durchschlagskraft.

3. Das neue Werk bzw. der neue Text steht nicht allein da, er ist Teil einer Strömung, oder sollte dies zumindest sein. Es werden also die Regeln, Kriterien, Leitlinien, Verbote und moralischen Grundsätze der Strömung festgelegt. Da eine Ausweitung der Strömung angestrebt ist, wird verkündet, unter welchen Voraussetzungen man sich ihr anschließen könne.

2012 habe ich zur Eröffnung des Museums der Unschuld ein *Bescheidenes Museumsmanifest* geschrieben. Meine Feinde waren dabei die staatlichen Museen, die großen Museen, überhaupt alle Museen, die mit öffentlichen Geldern gegründet werden und dadurch die Kreativität des Einzelnen abtöten. Vor allem ging es mir darum, mit meinem Manifest außerhalb des Westens, etwa in museumsaffinen asiatischen Ländern, eine bestimmte Wirkung zu erzielen, und ich darf sagen, dass mir das zu einem nicht unwesentlichen Teil gelungen ist.

Ich wollte aber meinen Feinden nicht allzu feindlich gesinnt sein, deshalb betonte ich, mein Manifest sei ein »bescheidenes«, denn eigentlich mag ich jede Art von Museum und will und kann mich auf einen Streit mit Museen gar nicht einlassen. Und Herbst für Herbst verbringe ich in New York abends viele Stunden im Metropolitan Museum.

EIN BESCHEIDENES
MUSEUMSMANIFEST

Ich mag Museen und kann ihnen, wie viele Menschen, von Tag zu Tag noch mehr abgewinnen. Da ich Museen sehr ernst nehme, kommen manchmal wütende, ungestüme Gedanken in mir auf. Dennoch möchte ich beim Reden über Museen keinen zornigen Ton anschlagen. Zur Zeit meiner Kindheit gab es noch sehr wenige Museen in Istanbul, meist historische Bauten, die unter Denkmalschutz standen, oder wie Behörden anmutende Einrichtungen. Erst als ich später die kleinen, unscheinbaren Museen entdeckte, die sich in den Nebenstraßen europäischer Städte verbargen, merkte ich, dass Museen (genauso wie Romane) die Geschichte einzelner Individuen erzählen können. Unleugbar stellen Orte wie der Louvre, das Metropolitan Museum, der Topkapı-Palast, das British Museum, der Prado oder die Vatikanischen Museen den ganzen Reichtum der Menschheitsgeschichte aus, aber dennoch möchte ich diese gewaltigen Anhäufungen von Schätzen nicht zum Vorbild für die Zukunft der Museen nehmen. Museen sollen die neue und moderne Menschenwelt erforschen und darstellen, wie sie sich insbesondere in rasch aufstrebenden außerwestlichen Ländern entwickelt. Jedoch zielen staatlich unterstützte Museen darauf ab, den Staat darzustellen, und nicht den einzelnen Menschen. Das ist weder ein gutes noch ein harmloses Ziel.

Hier meine Gedanken dazu:

1. In Museen, die wie der Louvre oder die Eremitage aus kaiserlichen oder königlichen Palästen entstanden sind, die dem Volk zugänglich gemacht wurden und sich danach zu Touristenattraktionen und nationalen Symbolen entwickelt haben, wird die Geschichte eines ganzen Volkes weit über die Geschichte des Einzelnen gestellt. Dabei ist der Einzelne zur Darstellung wahren Menschentums besser geeignet.

2. Zwischen dem Übergang von Palästen zu nationalen Museen und der Entwicklung vom Epos hin zum Roman besteht eine deutliche Parallele. Doch entsprechen zwar die alten Königsepen den Palästen, in denen ihre Helden lebten, aber staatliche Museen sind so gar nicht wie Romane.

3. All der Museen, die die Geschichte eines Volkes, einer Gemeinschaft, einer Gruppe, eines Staates, eines Geschlechtes, eines Unternehmens zeigen, sind wir allmählich überdrüssig. Wir wissen nämlich, dass die Geschichten einzelner Menschen ungleich reichhaltiger, menschlicher und fröhlicher sind als die Historie sämtlicher großer Gemeinschaften.

4. Es geht nicht darum, zu zeigen, wie die Geschichte und die Kultur Chinas, Indiens, Mexikos oder der Türkei sind. Natürlich muss auch das geschehen, aber das ist nicht schwer. Viel anspruchsvoller ist es, in Museen auf ähnlich gehaltvolle, kraftvolle und intensive Weise die Geschichte einzelner Menschen abzubilden, die heute in diesen Ländern leben.

5. Meiner Ansicht nach soll ein Museum nicht daran gemessen werden, wie gut es einen Staat, ein Volk, ein Unternehmen, eine Geschichtsepoche etc. darstellt, sondern vielmehr daran, ob es in seiner Herangehensweise einzelnen Schicksalen gerecht wird oder nicht.

6. Museen sollten kleiner, individueller und billiger sein, denn nur so können sie die Geschichte einzelner Menschen zum Ausdruck bringen. Wenn wir durch ein Rieseneingangstor ein großes Museum betreten, verlieren wir das Gefühl für unsere menschliche Dimension und fühlen uns aufgerufen, großer Massen zu gedenken. Daher die Schwellenangst, die außerhalb der westlichen Welt Millionen von Menschen vor einem Museumsbesuch zurückschrecken lässt.

7. In heutigen und zukünftigen Museen soll nicht der Staat hervorgehoben werden, sondern der Mensch, der schließlich seit Jahrhunderten unter unerbittlichem Druck lebt.

8. Alle Subventionen, die großen, symbolträchtigen Museumsstätten zufließen, sollen stattdessen an kleine Museen gehen, in denen die Geschichten einzelner Menschen erzählt werden. Mit solchen Ressourcen sollen auch Privatpersonen gefördert und dazu angeregt werden, ihr Heim und ihre Geschichte zu »musealisieren«.

9. Wenn Gegenstände nicht aus ihrem natürlichen Umfeld herausgerissen, sondern dort mit Geschick arrangiert werden, sprechen sie ohnehin für sich selbst.

10. Imposante, ein Viertel oder eine ganze Stadt dominierende Museumsgebäude dienen nicht dazu, den Menschen hervorzuheben, sondern ganz im Gegenteil ihn zu unterdrücken. Menschlicher ist es, bescheidene Museen zu ersinnen, die die umliegenden Häuser und Straßen in ihr Konzept mit einbeziehen und sie dadurch menschlicher machen.

11. Die Zukunft der Museen liegt in unseren Wohnungen und Häusern.

Daraus ergibt sich ein einfaches Bild:

Wie es bisher ist	Wie es sein soll
EPEN	ROMANE
DARSTELLUNG	AUSDRUCK
GEBÄUDEDENKMÄLER	HÄUSER UND WOHNUNGEN
HISTORIE	GESCHICHTEN
NATION	MENSCHEN
GRUPPEN	INDIVIDUEN
GROSS UND TEUER	KLEIN UND BILLIG

WOZU DIE VITRINEN
UND DIE WANDERAUSSTELLUNG?

Der Roman *Das Museum der Unschuld*, an den sich das Museum der Unschuld anlehnt, umfasst 83 Kapitel. Die Romankapitel und die Museumsvitrinen tragen dieselben Titel. In den Vitrinen sind im Roman vorkommende Gegenstände, Bilder, Aussichten, Fantasien und Gefühle ausgestellt.

Als das Museum 2012 eröffnet wurde, waren von den 83 Kapiteln nur 70 bearbeitet. Zum zehnten Jahrestag der Eröffnung fügte ich acht neue Vitrinen hinzu.

Aus den vorhandenen Vitrinen wurde eine Auswahl für das Münchner Lenbachhaus und die Dresdner Kunstsammlungen getroffen. Einem ersten Antrieb folgend, wollte ich einfach die »gelungensten« Vitrinen verschicken, doch bei manchen davon wäre es schwierig, sie erneut herzustellen oder allein schon das nötige Material dafür aufzutreiben, so ließ ich solche Vitrinen in Istanbul. Letztlich habe ich mich für Vitrinen entschieden, die der Logik des Museums entsprechen und den Bezug zwischen den Werken und dem Roman aufzeigen.

Der Gedanke an eine Wanderausstellung mit den Stationen Dresden, München und danach Prag kam bei mir auf, weil es mir reizvoll erschien, »im Zwiegespräch« mit den Museen neuer Städte neue Werke zu schaffen. So wird mir die Möglichkeit geboten, anhand grundlegender Werke der westlichen Kunst etwas über meine eigene Kunstauffassung auszusagen. Doch so sehr ich mich über das Konzept der Wanderausstellung freue, überkommt mich in dunkleren Momenten die Furcht, aufgrund diverser Gründe (Krieg, technische Probleme, finanzielle Schwierigkeiten) könne die Reise plötzlich zu Ende gehen.

DER TROST DER DINGE

Teil I
Die Wanderausstellung

Der glücklichste Augenblick meines Lebens

Boutique Champs-Élysées

Entfernte Verwandte

Sex im Büro

Füsuns Tränen

Im Restaurant Fuaye

Aus dem Roman *Das Museum der Unschuld*:

Durch das offene Balkonfenster wehte eine nach Meer und Lindenblüten duftende Frühlingsbrise herein, bauschte die Gardinen und ließ sie wie in Zeitlupe auf unsere nackten, erschauernden Körper herabsinken. [...] Als wir uns tags darauf wiedertrafen, sagte mir Füsun, sie vermisse einen ihrer Ohrringe. Ich hatte ihn, als sie fort war, auf dem blauen Laken gesehen und ihn, anstatt ihn beiseitezulegen, irgendwie instinktiv in meine Jackentasche gesteckt, um ihn nicht zu verlieren.

Der glücklichste Augenblick
meines Lebens

Şenay, die Besitzerin der Boutique Champs-Élysées, erinnerte mich, als ich sie Jahre später besuchte, geflissentlich daran, dass sie genau wie Füsun mütterlicherseits sehr weitläufig mit uns verwandt war. Mein gesteigertes Interesse an allen Gegenständen, die mit Füsun und der Boutique Champs-Élysées zu tun hatten – dieses Ladenschild inklusive –, nahm Şenay ungerührt zur Kenntnis, und sie händigte mir auch alle gewünschten Gegenstände aus, ohne nach den Gründen dafür zu fragen.

Bestimmte Gegenstände wie etwa Füsuns gelben Schuh oder die Jenny-Colon-Tasche besaß ich bereits, noch bevor ich mit dem Schreiben überhaupt anfing, auf andere wie das Ladenschild der Boutique Champs-Élysées (»Sanzelize Butik«) stieß ich nach und nach oder ließ sie von Istanbuler Handwerkern extra anfertigen. Sollte ich nun diese Gegenstände einfach in der Reihenfolge präsentieren, in der sie im Roman vorkamen, oder sie lieber kompositionsartig anordnen?

Ich komme ständig an dem Laden vorbei, aber es zieht mich nie hinein, um dem armen Mädchen mal Guten Tag zu sagen. Dabei mochte ich sie sehr, als sie noch klein war. Wenn Nesibe zum Nähen kam, war die Kleine auch manchmal dabei. Dann habe ich immer eure Spielsachen aus dem Schrank geholt, und mit denen amüsierte sie sich, während ihre Mutter arbeitete. [...] Als im Spätsommer 1956 für eine Hochzeit noch schnell ein Kleid fertig werden musste, ließ meine Mutter Nesibe in unser Sommerhaus in Suadiye kommen, und dann saßen die beiden in einem kleinen Zimmerchen im zweiten Stock, von dem sie durch Palmenblätter auf das Treiben der Boote und auf die Kinder hinuntersahen, die vom Landesteg ins Wasser sprangen, und umgeben von Stecknadeln, Messbändern, Stoffschnipseln und Spitzen aus Tante Nesibes Nähkästchen mit der Istanbul-Ansicht darauf saßen sie bis Mitternacht nähend zusammen, klagten über die Hitze, die Mücken und die viele Arbeit und lachten und scherzten doch auch wie zwei Schwestern, die sich gut verstehen.

Kaum war eine Schneiderin im Haus, eilten auch schon Verwandte und Nachbarinnen herbei, nicht nur, um zuzuschauen und unterhalten zu werden, sondern auch, um eigene Näharbeiten erledigen zu lassen. Marika, die Schneiderin meiner und Kemals Mutter, hatte immer fünf, sechs Nadeln im Mund, was uns Kinder erschreckte. Sie zog immer wieder eine heraus, um etwas abzustecken, konnte aber mit den anderen im Mund munter weiterplaudern.

Satsat war ein stattliches Unternehmen und warf hohe Gewinne ab, was aber nicht mir zu verdanken war, sondern den buchhalterischen Tricks, durch die der Gewinn der anderen Firmen auf die meine übertragen wurde. Ich verbrachte meine Tage damit, gegenüber den langgedienten Angestellten, den großbusigen Tanten, denen ich als Sohn des Chefs vor die Nase gesetzt worden war, möglichst wenig den Vorgesetzten herauszukehren und von ihnen die Feinheiten des Betriebes zu erlernen.

Überall im Land waren Preis, Geschmack und Farbe des Tees gleich, was auch gut einer Zeit entsprach, in der jeder das Gleiche denken und sich auf gleiche Weise kleiden musste und das gleiche Fernsehprogramm sah. Dennoch will ich kein schlechtes Wort über jenes besondere Getränk verlieren, das Kemal und ich unser Leben lang aus besonderen Gläsern getrunken haben.

Sex im Büro

Das Fuaye, aus dem Sie hier die bebilderte Speisekarte, eine Werbestreichholzschachtel und eine Serviette sehen, die ich mir Jahre später besorgen konnte, entwickelte sich in kurzer Zeit zu einem der beliebtesten Restaurants in europäischem Stil (also französischer Imitation), das vorwiegend von der verwestlichten Klientel der Stadtteile Beyoğlu, Şişli und Nişantaşı frequentiert wurde, die man in den Klatschspalten der Zeitungen spöttisch als »Society« bezeichnete. Um den Gästen nur möglichst diskret zu vermitteln, dass sie in einer europäischen Stadt speisten, verzichtete man auf pompöse Namen wie Ambassador, Majestik oder Royal und griff stattdessen auf Begriffe wie Kulis, Merdiven und Fuaye zurück, die noch Anklänge an Istanbul enthielten.

Im Restaurant Fuaye

Meine Beine trugen mich unter Vordächern und blau-weiß gestreiften Markisen von Schatten zu Schatten, und als ich in einem Schaufenster eine gelbe Wasserkaraffe erblickte, kaufte ich sie auf der Stelle. Es ereilte sie nicht das Schicksal der meisten Spontankäufe, sondern sie stand fast zwanzig Jahre lang erst bei meinen Eltern und danach bei meiner Mutter und mir auf dem Esstisch, ohne dass man je ein Wort über sie verloren hätte. Und jedesmal wenn ich beim Abendessen nach ihrem Henkel griff, musste ich an die Anfänge des Unheils denken, in das ich vom Leben geworfen wurde und auf das mich meine Mutter mit halb vorwurfsvollen, halb bekümmerten Blicken immer wieder stieß.

In den anderen Zimmern, in denen einst ein buntes Familienleben stattgefunden hatte, standen unter einer fingerdicken Staubschicht alle Möbel noch da wie eh und je. Wenn mein Bruder und ich als Kinder in diesen geheimnisvollen Räumen umherschlichen, bekamen wir oft eine Gänsehaut, weil es uns so vorkam, als ob die Dinge dort miteinander redeten.

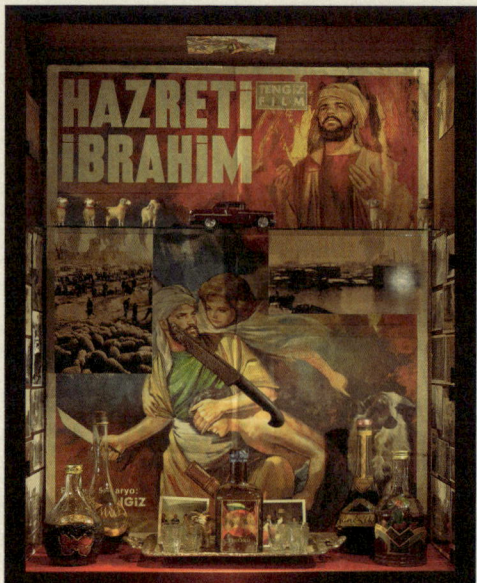

Das Opferfest

Liebe, Mut und Modernität

Auf die Lippen küssen

Die Straßen, Brücken und Plätze von Istanbul

Ein paar leidige
anthropologische Tatsachen

Mein ganzes Leben ist nun mit
dem deinen verbunden

Eifersucht

Da mein Vater gerne einen über den Durst trank, hatte meine Mutter damals schon lange die Sitte abgeschafft, an Feiertagen auf einem silbernen Tablett aus Kristallgläsern Pfefferminz- und Erdbeerlikör servieren zu lassen. Ihr war es dabei vor allem um die Gesundheit meines Vaters zu tun. Zwei Jahre zuvor aber hatte Onkel Süreyya auf dem Likör bestanden, und meine Mutter hatte daraufhin, um das Thema zu beenden, ausgerufen: »An einem religiösen Feiertag willst du Alkohol?!«, was aber nur zu einer der endlosen Debatten über Religion, Zivilisation, Europa und Republik geführt hatte, die sich regelmäßig zwischen meiner Mutter und meinem stramm Atatürk-treuen Onkel abspielten.

Beim Schreiben eines Romans erinnert man sich an Dinge und Bilder aus der Vergangenheit und schafft daraus etwas Neues, und ähnliche Gefühle hat mir auch die Gestaltung dieses Museums vermittelt. Uns geht es nicht darum, die Vergangenheit eins zu eins wiedererstehen zu lassen, sondern vielmehr möchten wir anhand von Dingen aus der Vergangenheit über unser heutiges Leben reden, darüber nämlich, wie dieses Leben strukturiert ist.

Das Opferfest

Die Schauspielerfotos, die heute in meinem Museum zu besichtigen sind, stammen von Hıfzı, einem der in vollgestopften Zimmern frierenden unglücklichen Sammler, mit denen ich mich später anfreundete. Beim Anblick dieser Fotos wurde mir übrigens erst bewusst, dass ich in den Filmbars, die ich eine Weile frequentiert hatte, Schauspieler wie den İbrahim-Darsteller Ekrem Güçlü kennengelernt hatte, deren Bilder früher in meiner Schachtel gewesen waren. Meine Geschichte wird genau wie die hier ausgestellten Gegenstände all diese Punkte berühren.

Türkische Filme sah ich als Kind nur den Sommer über, in kleinen Freiluftkinos. Ihre Darsteller aber kannte ich von den Bildern her, die es ebenfalls mit Kaugummis zusammen zu kaufen gab. Süßigkeitenhersteller wie Zambo oder Gold versorgten einen mit den Fotos türkischer Filmstars, die im Vergleich zu den Fußballerbildern besser gedruckt waren, noch dazu in Farbe. Die Bilder waren auf der Rückseite durchnummeriert, was einen dazu verleiten sollte, so lange zu sammeln, bis man die gesamte Serie sein Eigen nannte. Anhand der Nummern konnte man mit einem anderen Sammler eine Art Glücksspiel betreiben und dabei Fotos gewinnen oder verlieren. In meiner Geschichte »Aus dem Fenster schauen« geht es um zwei Jungen, die dies eifrig tun.

Manchmal setzte sich eine der riesigen Krähen aus dem Hinterhof auf das Balkongitter und sah uns stumm an, genau wie die Krähen damals auf dem Balkon unserer Wohnung. Meine Mutter sagte früher oft: »Schlaf jetzt! Schau, die Krähe sieht dich schon an!«, und das machte mir Angst. Und es stellte sich heraus, dass auch Füsun sich vor Krähen fürchtete.

Wenn ich dann neben mir etwas aufflattern hörte und merkte, dass eine Krähe so wie ich die Szene beobachtet hatte, stellte ich sogleich eine Verbindung zu dem Tier her. (Mein Spitzname innerhalb der Familie Pamuk war ja auch »Krähe«.) Was ich mit dem Krähenauge gesehen hatte, vermischte sich in meinem Kopf mit dem, was ich aus Kinderlexikonartikeln wie »Die Sterne der Milchstraße« wusste.

Liebe, Mut und Modernität

Ausgestellt sind hier ein paar Zigarettenpäckchen, der Kütahya-Aschenbecher, den ich aus einem Schrank ins Schlafzimmer holte, eine Teetasse (die von Füsun), ein Glas sowie die Muschel, mit der Füsun immer wieder nervös herumspielte, während sie die einzelnen Geschichten erzählte, und sie sollen einen Eindruck davon vermitteln, was in dem Zimmer damals für eine dichte, drückende Atmosphäre herrschte.

Nach einer jahrelangen Phase, in der ich unermüdlich Gegenstände sammelte und die Aufmachung von Vitrinen skizzierte, begannen wir schließlich, in den Boxen durch vielfaches Herumprobieren Teetassen, Aschenbecher und Haarspangen zu arrangieren. Wenn ich mir heute die Fotos anschaue, die wir dabei machten, merke ich, dass ich etwas Ähnliches tat wie die von mir so bewunderten Istanbuler Landschaftsmaler, nämlich im Zusammenspiel von Bäumen, Strommasten, Schiffen, Wolken und Menschen nach zufälliger Schönheit zu suchen. Am schönsten ist es, wenn das Auge irgendwo Schönheit entdeckt, wo kein Verstand diese ersonnen und keine Hand sie beabsichtigt hatte.

Derlei Prozesse wurden ab und zu auch von der Presse verfolgt, wobei man die Fotos der »verführten Mädchen« mit einem schwarzen Balken über den Augen versah, damit sie nicht zu erkennen waren. Da diese Balken auch für Prostituierte und für ehebrecherische oder vergewaltigte Frauen verwendet wurden, glich damals in der Türkei das Zeitunglesen der Promenade auf einem Maskenball.

Abgesehen von den als unseriös angesehenen Sängerinnen, Schauspielerinnen oder Teilnehmerinnen an Schönheitswettbewerben sah man ohnehin kaum einmal ein Foto einer türkischen Frau ohne Balken vor den Augen, und auch in der Werbung zum Beispiel ließ man lieber nichtmuslimische Ausländerinnen agieren.

  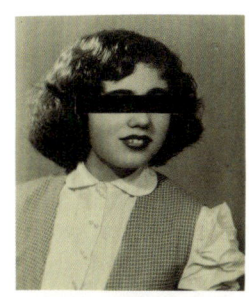

  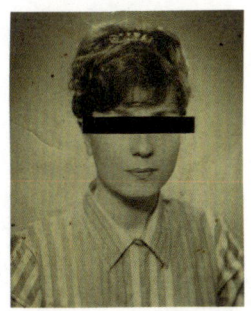

 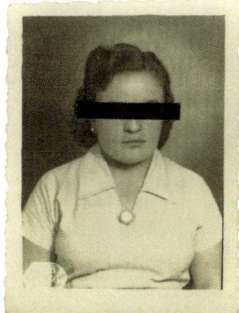 

Dieses Gemälde, das ich Jahre später mit all seinen Einzelheiten für das Museum in Auftrag gab, vermittelt einen recht guten Eindruck von dem warmen Licht, das aus Füsuns Haus strahlte, von den im Mondlicht glänzenden Kastanienästen und dem nachtblauen tiefen Himmel über den Dächern und Kaminen von Nişantaşı, doch frage ich mich, ob es den Besucher auch wirklich die Eifersucht spüren lässt, die an mir nagte, als ich diesen Anblick vor mir hatte.

Der von Kemal erwähnte Künstler ist Ahmet Işıkçı. Hier werden zum ersten Mal in einem Museum Werke dieses 1940 in Istanbul geborenen Malers ausgestellt. Weitere Informationen über Ahmet Işıkçıs hintergründige Kunst sind in dem Buch *Die Unschuld der Dinge* zu finden. Gleich Millionen von Künstlern in außerwestlichen Ländern kam es Işıkçı beim Malen ganz besonders auf »Authentizität« an.

Es gelte, so betonte er immer wieder, zu den naiven Bildern vor dieser »Vergiftung« zurückzugelangen. Jeder Maler, der die kindliche, die berauschende Erfahrung machen wolle, »authentisch« und er »selbst« zu sein, müsse erst einmal die »Metaphysik der Bilder« erforschen.

Das Sammeltaxi, ein Plymouth aus den vierziger Jahren mit langer Kühlerhaube, der die Strecke Teşvikiye-Taksim bediente, war durch den schweren Lkw regelrecht zermalmt worden. Einzig der Taxameter war noch heil. Durch die ständig anwachsende Menge der Schaulustigen hindurch sahen wir auf dem Beifahrersitz zwischen Glasscherben und zerdrückten Metallteilen den blutverschmierten Körper einer Frau, die ich erkannte. Sie war kurz zuvor aus der Boutique Champs-Élysées gekommen.

Als die schönste Liebesvereinigung meines Lebens zu Ende war und wir voneinander Abschied nehmen mussten, war der Ohrring zwischen uns beiden in den Falten des Lakens verborgen, und Füsun sah mir tief in die Augen. »Mein ganzes Leben ist nun mit dem deinen verbunden«, sagte sie leise. Das gefiel mir, machte mir zugleich aber auch Angst.

Als Kemal sich Mitte der siebziger Jahre in Füsun verliebte, waren zwar alle Istanbuler Taxis schon mit mechanischen Taxametern ausgestattet, doch da die Benzinpreise rapide anstiegen, die Tarife sich andauernd änderten und die meisten der Geräte ohnehin kaputt waren, wurden sie höchst selten auch benutzt. Mit den Worten »Warum machen Sie den Taxameter denn nicht an?« begann zwischen Taxifahrern und Kunden so mancher Streit. So wie die schwarz-weiß karierten Streifen um die Fenster herum dienten die Taxameter gerade mal zur Kennzeichnung von Taxis.

Eine Totenfeier

Schweigen

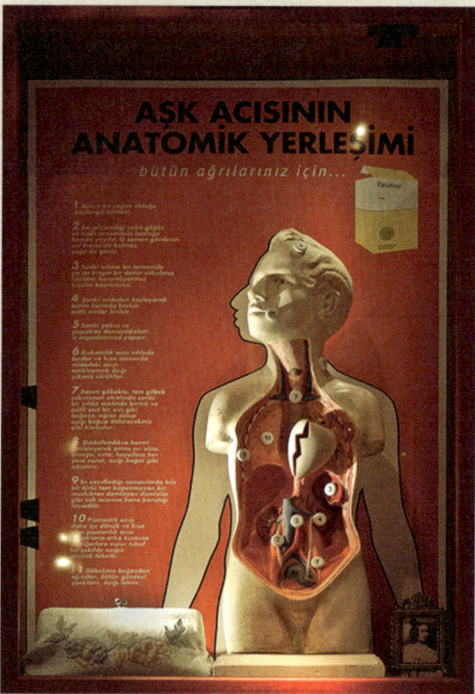

Anatomische Verortung des
Liebesschmerzes

Quälendes Warten

Lehn dich nicht so weit nach hinten,
sonst fällst du noch runter

Wie die Hündin im Weltall

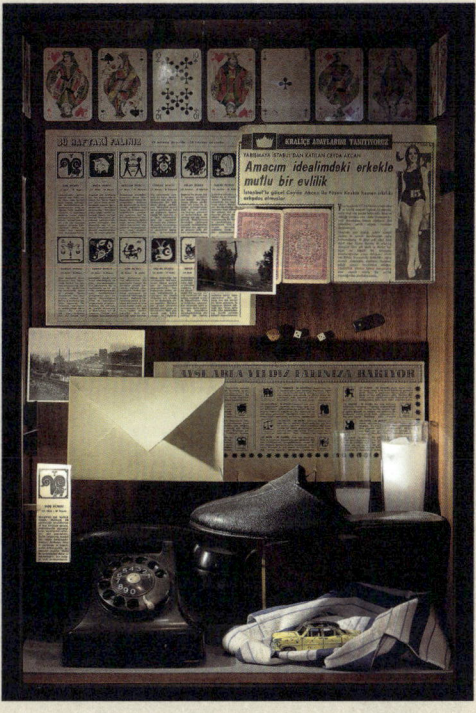

In der Hoffnung,
meinen Schmerz zu lindern

Die Sitte, den Trauernden ein Foto des Verstorbenen anzuheften, war damals bei den häufigen Trauerfeiern für die Opfer politischer Morde aufgekommen und von der Istanbuler Bourgouisie rasch übernommen worden. Dadurch, dass die Mitglieder einer zwar trauernden, aber im Grunde doch recht munteren Gesellschaft die gleiche Art Fotos trugen wie rechte oder linke politische Aktivisten, wurde einer gewöhnlichen, im Stil eines Empfangs ablaufenden Society-Beerdigung die Anmutung eines Ideals verliehen, für das es sich zu sterben lohnt.

Das Pamuk Apartmanı in der Tesvikiye-Straße, in dem ich fast mein ganzes Leben verbracht habe, ist genauso wie die Wohnung der Keskins ganz in der Nähe der Tesvikiye-Moschee, in der noch heute für viele reiche Leute die Trauerfeier abgehalten wird. [...] Umgeben von unserer bequemen Wohnung, von antiken Möbeln, teurem Porzellan, Einlegearbeiten, Tischuhren, Obsttellern, Tassen, Tellern und gerahmten Fotos, vermittelte uns der Anblick dort unten durch den Vorhang hindurch – so wie die Vanitas-Stillleben in der westlichen Malerei – ein Gefühl davon, wie vergänglich doch das Leben ist und wie unausweichlich der Tod.

seni unutmayacağız

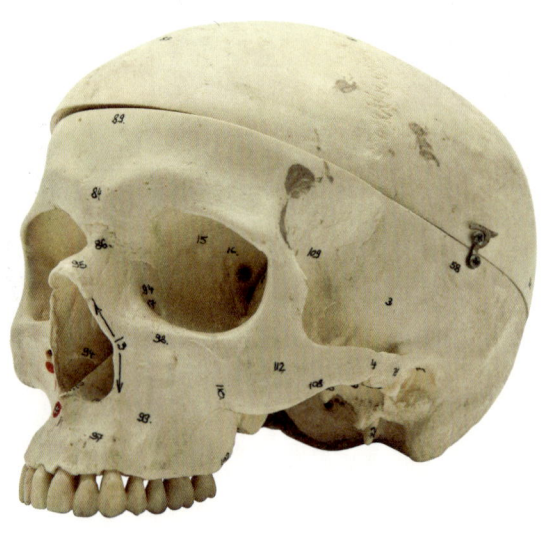

Manchmal sahen wir uns lange unverwandt an wie zwei Spione auf der Suche nach dem entscheidenden Detail. Als Zeugen für unser bekümmertes Schweigen stelle ich hier kommentarlos den weißen Slip, die weißen Kindersocken und die schmutzig weißen Gummischuhe aus, die Füsun damals trug.

Ein andermal äußerte er, das Küssen erinnere ihn daran, wie eine Möwe vorsichtig eine reife Feige aufpicke, worauf ich anregte, für das Museum könne doch bei einem zeitgenössischen Maler ein Bild von küssenden Möwen in Auftrag gegeben werden. »O je, bloß nichts von irgendeinem modernen Nachahmer«, erwiderte er. »Suchen Sie lieber was Altes aus einem Buch. Wo der Feigensaft herunterrinnt!«

Schweigen

Um zu veranschaulichen, wie ich jene Zeit verbrachte, in der ich mir eingestehen musste, dass Füsun wieder einmal nicht kam, habe ich hier eine Uhr, ein Streichholzheft und abgebrannte Streichhölzer ausgestellt.

Die Uhr, deren innere Organe freigelegt sind, und die zum Zählen der Minuten davor angeordneten Streichhölzer sollen die Zeit messen, die einfach nicht vergehen will, und das Gefühl vermitteln, als verginge sie schneller. Doch gerade in Momenten, in denen die Zeit stillzustehen scheint, bemerken wir erst recht die Dinglichkeit der Dinge. In dieser Box zielt eigentlich alles darauf ab, das Warten abzubilden.

Auf dieser Darstellung unserer inneren Organe, mit der damals in den Schaufenstern Istanbuler Apotheken das Schmerzmittel Paradison beworben wurde, habe ich für die Museumsbesucher gekennzeichnet, wo bei mir der Liebesschmerz in Erscheinung trat, sich steigerte und verbreitete.

Für all ihre Schmerzen

1. Hier wird der schlimmste Schmerz zuerst verspürt.
2. Wenn der Schmerz zunimmt, verbreitet er sich in den Hohlraum zwischen Brust und Magen hinein und beschränkt sich dann auch nicht mehr nur auf die linke Körperseite.
3. Es kommt einem vor, als ob jemand mit einem Schraubenzieher oder einem glühenden Eisen in einem herumfuhrwerkte.
4. Vom Magen aus arbeiten sich Säuren in den gesamten Bauchraum vor.
5. An allen inneren Organen verfangen sich gleichsam klebrige, scharfe kleine Seesterne.
6. Der Schmerz der Eifersucht wird zuerst im Kopf verspürt, arbeitet sich dann in die Magengegend vor und bringt den Liebenden zur Verzweiflung.
7. Der Schmerz sammelt sich um den Bauchnabel herum, würgt sich wie eine brennende Flüssigkeit bis zu Kehle und Mund empor, sodass der Liebende fürchtet, er müsse ersticken.
8. Der Schmerz erfasst Stirn, Nacken und Schultern, durchdringt schließlich den ganzen Körper, ja selbst noch Geist und Fantasie und hält den Liebenden in seinem Würgegriff.
9. Selbst in seiner schwächsten Ausprägung gleicht er einem tropfenden Wasserhahn.
10. Der Schmerz der Reue ist kürzer und begrenzter; er nistet sich auf der Rückseite der Beine und in den Lungen ein und schwächt den Liebenden auf mysteriöse Weise.
11. Vom Magen aus gelangt der Schmerz durch die Kehle hindurch in den Mund, durchpocht dabei den ganzen Körper und lässt den Liebenden aufheulen.

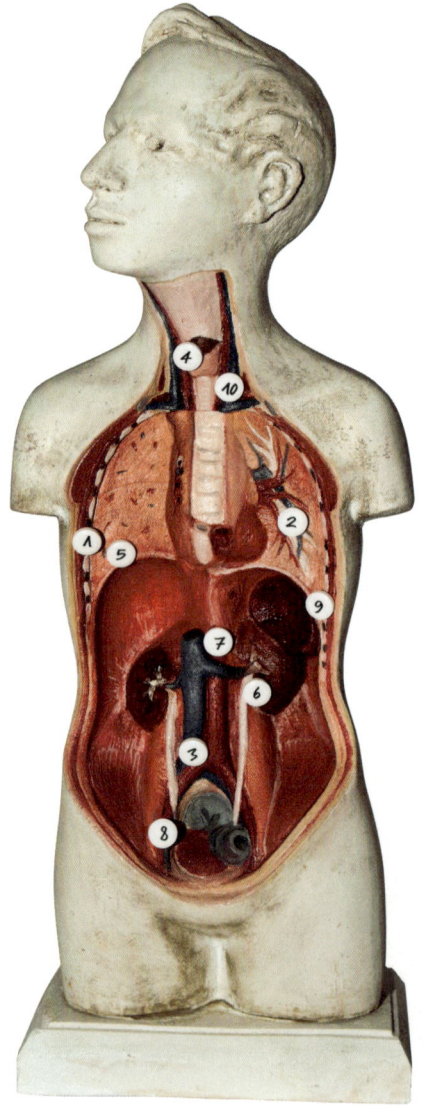

Anatomische Verortung des
Liebesschmerzes

Dieser Picknickkorb, der für Sibel und Nurcihan durch ihre Lektüre französischer Garten- und Einrichtungsmagazine unverzichtbares Utensil ländlicher Gaumenfreuden war, die mit Tee gefüllte Thermosflasche, die Eier, die farcierten Weinbeerblätter in einer Plastikschachtel, die Flaschen mit Meltem-Limo und die schöne Tischdecke, die Zaim von seiner Großmutter hatte, dienen hier zur Symbolisierung unseres Sonntagsausflugs und sollen den Besucher auch ein wenig aus der düsteren Atmosphäre des Merhamet Apartmanı und meiner Leiden herausholen.

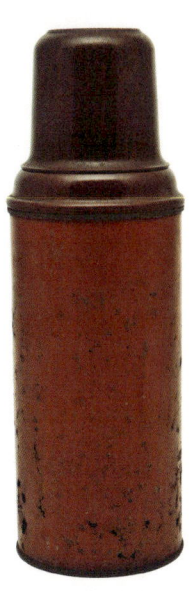

Dieses Bild im Hintergrund stammt von dem Architekten und Maler Anton Ignaz Melling. Der 1763 in Österreich geborene Melling kam mit neunzehn Jahren nach Istanbul und fertigte dort so unmittelbare, präzise und realistische Aquarelle an, wie sie sonst kein europäischer Maler zustande brachte. Unvergleichlich insbesondere die Art, wie er in seinen Bosporus-Ansichten zwar die Perspektive verwendet, aber zugleich wie in chinesischen Schriftrollen einen dezentralen Bildaufbau wählt und weder Menschen noch Dinge exotisiert.

Damals war jener berühmte türkische Psychiater, an dessen Sentenzen über die Liebe sich manch aufmerksamer Leser noch erinnern wird, frisch aus Amerika zurückgekehrt und trachtete mit seiner Fliege und seiner Pfeife danach, dem engen Kreis der Istanbuler Gesellschaft die Ernsthaftigkeit seines Berufes zu vermitteln. Als ich den Mann Jahre später wieder aufsuchte, um ihn für das Museum um die Fliege und die Pfeife zu bitten und ihn zu fragen, was ihm von damals noch im Gedächtnis sei, merkte ich rasch, dass er sich überhaupt nicht an meine damaligen Probleme erinnerte und nicht einmal andeutungsweise meine traurige Geschichte kannte, die doch mittlerweile der ganzen Istanbuler Society ein Begriff war.

Kemal hatte mir erzählt, in seinem Liebeskummer habe er sich manchmal wie jene ins All geschossene Hündin gefühlt. 1957 hatten die Sowjets die hier abgebildete Hündin Laika zu Propagandazwecken in den Satelliten Sputnik 2 gesteckt und sie ins Weltall und damit in den sicheren Tod geschickt.

Manchmal saß ich um Mitternacht vor dem Rakiglas und legte mit den abgegriffenen Karten meiner Mutter eine Patience oder griff zu den selten benutzten Würfeln meines Vaters, warf sie unzählige Male und sagte mir dabei jedes Mal, das sei jetzt aber das letzte Mal.

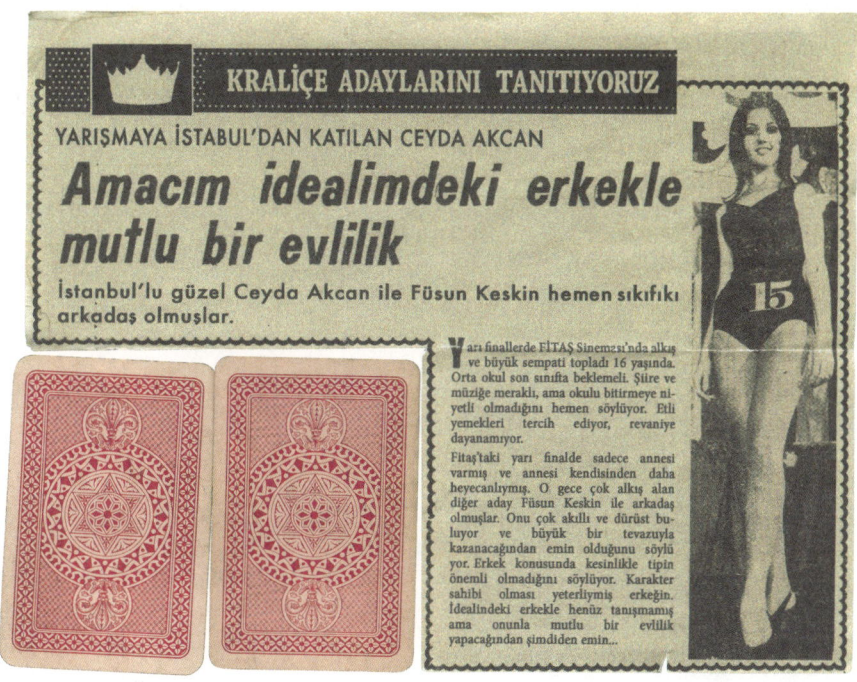

Ich habe den Brief in seinem Umschlag gelassen, um meine Geschichte nicht ausufern zu lassen und weil ich mich selbst nach Ablauf von zwanzig Jahren während der Gestaltung des Museums der Unschuld für den Brief noch immer schäme. Wer ihn lesen könnte, der würde sehen, dass ich Füsun regelrecht anflehte.

Ein schwarzer Pantoffel, ein schwarzes Telefon und ein gelber Simca waren auch in dem Haus, in dem ich groß geworden bin.

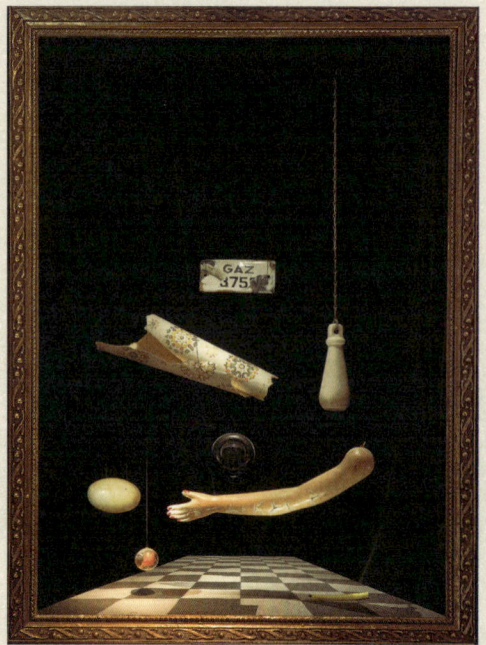

Eine leere Wohnung

Die Tröstungen des Lebens
in der Villa am Bosporus

Das Geständnis

Rückenschwimmen

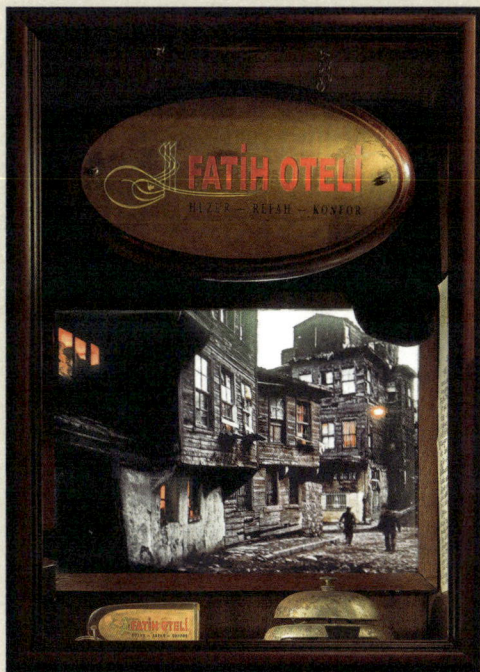

Das Hotel Fatih

Der Tod meines Vaters

Ist es vielleicht normal,
dass man seine Verlobte einfach sitzenlässt?

Ich wollte ihr einen Heiratsantrag machen

Von einer Tapete riss ich am Rand ein großes Stück ab, und von der Tür zum Zimmer, das wohl Füsuns gewesen war, montierte ich den Griff ab, den sie achtzehn Jahre lang berührt hatte, und steckte ihn ein. […] Aus einem Haufen Krimskrams, der in einer Ecke lag, nahm ich heimlich den Arm einer kaputten Puppe Füsuns sowie eine riesige Mica-Murmel und ein paar Haarnadeln heraus, die bestimmt auch Füsun gehört hatten, in dem beruhigenden Gefühl, dass diese Dinge mir ein wenig Trost spenden würden.

Beim Gestalten des Museums und der einzelnen Boxen stellte sich mir die grundsätzliche Frage, ob ich die an Kemal und Füsun erinnernden Gegenstände wie in irgendeinem seelenlosen staatlichen Museum jeweils einzeln zeigen oder vielmehr daraus eine Komposition, eine Art Bild formen sollte.

Eine leere Wohnung

Mit geweiteten Augen erkannte meine Verlobte, dass das eigentliche Thema nicht die Tasche war, sondern etwas viel Ernsteres, und so begann ich ihr die Geschichte zu erzählen, die den Lesern und den Besuchern unseres Museums schon vom ersten Ausstellungsstück an bekannt ist. Um der Erinnerung der Besucher auf die Sprünge zu helfen, sind hier die wichtigsten Gegenstände in kleinformatigen Bildern noch einmal dargestellt.

Wenn wir uns abends in dem Erker, der auf den Bosporus hinausging, gegenübersaßen wie ein glückliches junges Paar, das an seiner Liebe genug hat, und ein Stadtdampfer in Anadoluhisarı ablegte und an uns vorbeifuhr, als würde er direkt auf die Villa zutreiben, dann konnte der schnurrbärtige Kapitän von seiner Kommandobrücke aus sehen, dass wir knusprige Makrelen, Auberginensalat, Schafskäse, Honigmelonen und Raki auf dem Tisch hatten, und rief uns »Guten Appetit« zu, was Sibel wiederum als eine der kleinen Freuden ansah, die mich gesunden lassen und glücklich machen würden.

Da die Yalı genannten stattlichen Holzvillen entlang der beiden Bosporus-Ufer in den fünfziger Jahren zum Großteil halb verfallen waren und jeglichen modernen Komforts entbehrten, wohnte die bessere Gesellschaft nicht mehr dort, sondern – fern vom Meer – in Apartmenthäusern in Nisantası, Sisli oder Taksim. Zu der Zeit, in der der Roman spielt, waren viele der Yalıs bereits abgerissen und durch Betongebäude ersetzt worden, während man sich in den folgenden dreißig Jahren daranmachte, Betonhäusern durch eine Holzverkleidung einen Anschein von Authentizität zu verleihen. Doch wohnt es sich in diesen allzu geschleckt wirkenden Bauten auch nicht mehr anders als in einer Betonwohnung in der Stadt. Beim Schreiben des Romans stellte ich mir Kemal und Füsun immer in einem bestimmten, tatsächlich existierenden Yalı in Anadoluhisarı vor.

Schließlich entdeckte ich etwas, was mir diese schmerzlichen Septembertage in all ihrer dunklen Schönheit erträglicher machte, und zwar dass Rückenschwimmen meine Bauchschmerzen linderte. [...] Wenn ich mich so rücklings durch die Strömung und die Wellen arbeitete, weckte das zunehmende Dunkel des Bosporus in mir ein Gefühl der Unendlichkeit, das meinem Liebesschmerz in keiner Weise glich.

Die Sammler durch Istanbul fahrender Schiffe zerfallen in zwei Gruppen:

1. Die Systematiker. Ob ihr Sammelthema nun »Stadtdampfer«, »Autofähren« oder »Schiffe der Osmanischen Schifffahrtsgesellschaft« lautet, sie wollen davon ALLES in die Hände bekommen. Sie tauschen gerne mit anderen Sammlern, und da sie für Schiffsfotos ganz allgemein etwas übrighaben, heben sie auch am Bosporus geschossene Familienfotos auf, bei denen im Hintergrund nur ganz vage ein Schiff zu sehen ist.

2. Die Romantiker. Ich weiß nicht, ob ihnen dieser Begriff gerecht wird, doch fühle ich mich ihnen nahe. Sie interessieren sich für jedes Schiff, das durch den Bosporus fährt, ob türkisch oder ausländisch, Fracht oder Personenschiff. Ihnen kommt es nicht auf Dinge wie Baujahr, Flagge oder Kategorie an, sondern nur darauf, was ein Foto mit dem Thema »Schiff fährt durch Bosporus« an tieferen Gefühlen hervorruft.

Zwei Wochen vor Sibels Rückkehr, also Mitte Januar, packte ich in der Villa meine Koffer und zog in ein Hotel zwischen Fatih und Karagümrük, von dem hier das Briefpapier, ein Schlüssel mit dem Hotelemblem darauf und dieses kleine Schild zu sehen sind, das ich mir Jahre später besorgen konnte. Mich hatte am Vorabend der Regen in das Hotel getrieben, nachdem ich hinter Fatih am Goldenen Horn entlang stundenlang Straßen und Geschäfte nach Füsun abgesucht hatte.

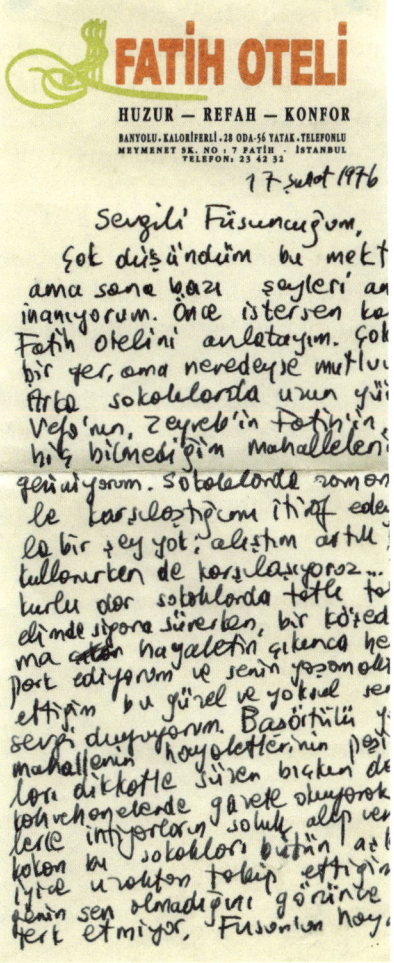

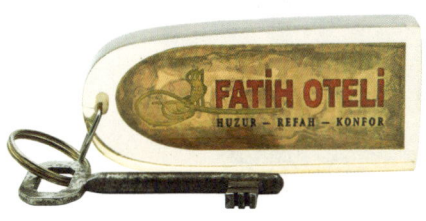

Wir aßen unsere Vorspeisen, tranken Yakut-Wein, und Sibel erzählte von Nurcihans französischen Freunden und davon, wie schön Paris doch zur Weihnachtszeit war.

Eine Woche später schickte mir Sibel über Zaim ihren Verlobungsring zurück. Obwohl ich mich immer wieder nach ihr erkundigte, sollte ich sie danach einunddreißig Jahre lang nicht wiedersehen.

Ist es vielleicht normal,
dass man seine Verlobte einfach sitzenlässt?

Instinktiv sah ich auf den großen Zeh meines Vaters. Wie auf diesem vergrößerten alten Schwarzweißfoto zu sehen ist, wies der Zeh eine ganz besondere Form auf, und mein eigener großer Zeh ist ganz genauso beschaffen. Diese Gemeinsamkeit zwischen Vater und Sohn war zwölf Jahre zuvor Cüneyt, einem alten Freund meines Vaters, aufgefallen, als wir in Suadiye in Badehosen am Strand saßen, und seither brach Cüneyt jedes Mal, wenn er uns sah, in schallendes Gelächter aus und fragte: »Na, wie geht's den großen Zehen?«

Wenn Kemals Vater zu Hause war, lag er wie mein Vater meist auf dem Sofa und las diverse Zeitungen von Anfang bis Ende. Ging ihm ein Artikel gegen den Strich, zog er die entsprechende Seite heraus und schleuderte sie auf den Boden, und irgendjemand musste diese Seiten dann wieder einordnen.

Ich betrat das kleine Bad, schloss die Tür hinter mir zu und machte mir bewusst, dass mein Leben mir aus der Hand glitt und sich in etwas verwandelte, was sich wegen meiner Abhängigkeit von Füsun ganz außerhalb meines Willens gestaltete. Nur wenn ich daran zu glauben vermochte, konnte ich glücklich werden und das Leben überhaupt aushalten. Auf dem kleinen Bord vor dem Spiegel erblickte ich neben den Zahnbürsten und Onkel Tarıks Rasierzeug auch Füsuns Lippenstift. Ich hielt ihn kurz an die Nase und steckte ihn dann ein.

Dass Frauen in Istanbul Lippenstift benutzen, ist ebenso wie das Abnehmen des Gesichtsschleiers oder des Kopftuchs ein Anzeichen »kultureller Verwestlichung«. Mein Vater bat meine Mutter oft, sie solle doch Lippenstift auflegen, und ich halte es ebenso mit meiner Frau. In Vorbereitung auf meinen Roman *Die Kartenspieler* habe ich mich mit einer 1952 geborenen Istanbuler Jüdin unterhalten, die mir erzählte, das Kindermädchen Mademoiselle Toto, das den Kindern damals Französisch beibringen sollte, habe abends, bevor der Vater nach Hause kam, auf Französisch gemahnt: »Madame, Zeit für den Lippenstift, Monsieur ist gleich zurück!«

Da mir Zahnbürsten in ähnlicher Weise als Anzeichen für Modernisierung und Verwestlichung gelten, inspiziere ich überall, wo ich zu Gast bin, im Bad die Zahnbürsten: Anzahl, Farbe, Zustand etc., aus geradezu soziologisch-anthropologischem Interesse heraus.

Glück ist nichts anderes,
als dem geliebten Menschen nah zu sein

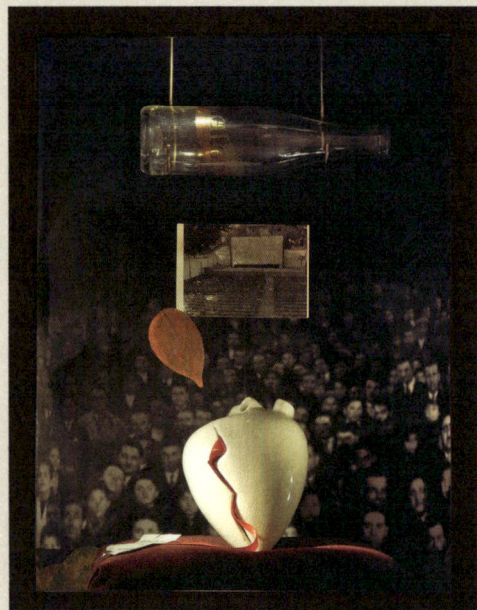

Groll und ein gebrochenes Herz
nützen niemandem

Komm doch morgen wieder,
dann sitzen wir wieder

Nicht aufstehen können

Blicke

Bosporus-Abende im Lokal Huzur

Bei unserem dritten Treffen wurde mir dann aber doch klar, dass auf diese euphorischen Momente mit schöner Regelmäßigkeit wieder ein Tief folgte, und im Gedanken an die folgenden Tage, an denen ich mich wieder nach Füsun sehnen würde, nahm ich ein paar Gegenstände vom Tisch, um mich in einsamen Augenblicken an ihnen zu laben. [...] Diesen Salzstreuer hielt Füsun lange in der Hand, als dicht vor unserem Fenster ein verrosteter sowjetischer Tanker vorbeifuhr, der mit seiner Schiffsschraube die Gläser und Flaschen auf dem Tisch erzittern ließ. Als wir bei unserem vierten Treffen bei Zeynel in İstinye ein Eis kauften und Füsun danach die an- gebissene Waffel auf die Straße warf, steckte ich sie heimlich ein.

Glück ist nichts anderes,
als dem geliebten Menschen nah zu sein

Da das, was ich damals erlebte, auch in zahlreichen anderen Sprachen auf gleiche Weise versinnbildlicht wird, dürfte das hier ausgestellte gebrochene Herz aus Porzellan den Museumsbesuchern meinen Kum- mer wohl verdeutlichen. Ich erlebte mein Liebesleid nicht mehr wie im letzten Sommer in Form von Erre- gung, Verzweiflung, Wut. Der Schmerz floss in meinem Blut nun zäher da- hin, denn dadurch, dass ich Füsun alle paar Tage sah, hatte die Intensität meines Leidens abgenommen, und um mit dieser neuen Art von Schmerz fertigzuwerden, hatte ich neue Stra- tegien entwickelt, die sich den Sommer über in meiner Seele verankert und aus mir einen anderen Menschen gemacht hatten.

Wir gehen ins Freiluftkino, um uns das Märchen unseres gebrochenen Herzens an- zusehen. Kann man beim Betrachten von Gegenständen seine Erinnerungen ablaufen lassen wie einen Film? Das Museum der Unschuld haben Menschen gemacht, die an so etwas glauben, also daran, dass den Dingen ein Geheimnis innewohnt.

Groll und ein gebrochenes Herz
nützen niemandem

»Komm doch morgen wieder, Kemal, dann sitzen wir wieder!« Das soll nun nicht bedeuten, dass wir nichts anderes taten, als einfach den ganzen Abend nur dazusitzen. Wir sahen fern, mal schweigend, mal in lebhafter Unterhaltung begriffen, und natürlich aßen wir und tranken Raki. Wenn Tante Nesibe mich für den folgenden Abend einlud, hob sie in den ersten Jahren manchmal diese Tätigkeiten hervor: »Kemal, komm doch morgen wieder, dann essen wir die gefüllten Kürbisse, die du so magst«, oder: »Morgen schauen wir Eiskunstlauf, es wird live übertragen.«

Heute fällt auf, wie bezaubernd leer Istanbul damals noch war. Durch den Schnee wird diese Leere noch hervorgehoben, ins Gespenstische geradezu, doch dürfen wir eines nicht vergessen: Hier haben einmal Füsun und Kemal gelebt. Hinter dem Obus beginnt die Bogazkesen-Straße, und wenn man die fünf Minuten aufwärtsgeht und dann in die fünfte Straße von rechts, dann …

Wenn der Fernseher aus war, blieb ich zunächst noch sitzen, und dann drängte sich mir immer mehr der Gedanke auf, dass es nun an der Zeit wäre aufzustehen, aber das brachte ich irgendwie nicht fertig. Ich saß wie festgeklebt am Tisch oder auf der Couch, vor lauter Scham begann ich zu schwitzen, Augenblick folgte auf Augenblick, das Ticken der Wanduhr wurde immer eindringlicher, und Dutzende von Malen sagte ich mir: Jetzt stehst du aber auf!, und blieb doch regungslos sitzen.

Bei einem unserer letzten Treffen in dem Dachgeschoss, genau gesagt am Abend des 17. Januar 2004 um zwanzig nach neun, sagte Kemal laut meinen Notizen (nachdem wir einen doppelten Raki getrunken hatten), er sehe sich als ein »auf Grund gelaufenes Schiff, als unfähigen Schandfleck«. Ich empfand ihm, wenn er so sprach, seinen Liebesschmerz tief im Inneren nach. Während er jedoch mit diesem Vergleich den Zustand meinte, in den er regelmäßig geriet, wenn er es abends bei den Keskins einfach nicht schaffte, aufzustehen und zu gehen, kam es mir eher so vor, als definierte er damit sein ganzes Leben.

Nicht aufstehen können

Wir gingen ins Huzur, ein vergleichsweise bescheiden wirkendes Restaurant. An unserem ersten Abend dort wählten wir es einfach, weil dort noch Platz war, und Onkel Tarık gefiel es sofort, weil gleich nebenan aus dem schicken Mücevher alte Lieder heraustönten, die er aus der Ferne gratis mithören konnte. [...] Ich weiß noch, wie glücklich ich war, als wir einmal gerade im schönsten Gespräch waren und sie sagte: »Willst du probieren?«, und ich dann mit meiner Gabel von ihrem Teller eine kleine Frikadelle und ein andermal ein paar Oliven aufpickte (deren Kerne übrigens hier ausgestellt sind).

Ist nicht eigentliches Ziel von Roman und Museum, unsere Erinnerungen so aufrichtig wie möglich zu erzählen und dadurch unser Glück in das Glück anderer zu verwandeln?

Bosporus-Abende im Lokal Huzur

Meist aber war sie mürrisch, und ich
fragte sie lieber gar nichts; ich setzte
mich nur und ließ ihre strengen Blicke
über mich ergehen. Wenn sie merkte,
wie sehr sie mich damit beeinflussen konnte, sah sie mich gleich noch
intensiver an. Selbst wenn wir dann
einmal kurz ins Hinterzimmer gingen
und uns das Bild ansahen, verbrachte
ich doch den überwiegenden Teil
des Abends damit, ihren Blicken
irgendeine Bedeutung beizumessen,
so wie ich überhaupt bei den Abendessen in Çukurcuma meist versuchte,
aus Füsuns Blicken herauszulesen,
was sie über mich und über ihr Leben
dachte und wie sie empfand.

Damit die Zeit vergeht

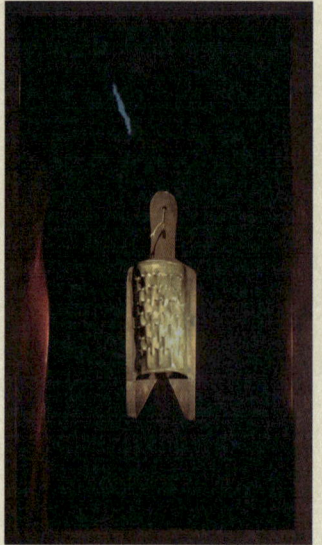

Was ist das eigentlich?

Brand auf dem Bosporus

Kölnisch Wasser

Onkel Tarık

Die Kinos von Beyoğlu

Konditorei İnci

Zu meinem tiefen Seelenfrieden trug alles bei, was mich an diesem magischen Ort umgab, von Füsuns nur langsam voranschreitenden Vogelbildern über den ziegelroten Teppich, die Stoffreste und Knöpfe, die alten Zeitungen und die Aschenbecher bis hin zu Onkel Tarıks Lesebrille und Tante Nesibes Strickzeug. Ich sog den Geruch des Zimmers in mich ein und vergaß nicht, vor dem Hinausgehen eine Kleinigkeit an mich zu nehmen, einen Fingerhut oder einen Knopf, der mir dann im Merhamet Apartmanı alles wieder ins Gedächtnis rief und mein Glück noch etwas verlängerte.

Damit die Zeit vergeht

Alte Frauen mit Kopftüchern, junge Mütter, die sich an ihren Gatten schmiegten und das Kind auf dem Schoß in den Schlaf wiegten, wie verzaubert starrende Arbeitslose, herumlaufende Kinder, Menschen, die in ihren Autos oder Lastwagen sitzen blieben und den Brand betrachteten und dazu Musik hörten. Von überall her waren Straßenverkäufer gekommen, die Simits, Helva, Muschelreis, Hammelleber, Lahmacun oder Tee feilboten.

Bei der Gestaltung des Museums hat mir nicht nur die in meinem Kopf vorherrschende Zeitlosigkeit geholfen, sondern auch eine Art Schwerelosigkeit, ein vages Gefühl dafür, dass die Dinge von ihren angestammten Orten losgerissen werden.

Brand auf dem Bosporus

Ich hatte die Reibe bei den Keskins in gewohnter Manier unbemerkt eingesteckt. Das stimmte mich so fröhlich, dass ich mühelos früh aus dem Haus gehen konnte, und wie ein Jäger, der die gerade erlegte Schnepfe jederzeit vor Augen haben will, hatte ich die Reibe aus der Manteltasche genommen und neben mir auf den Sitz gelegt.

Dieses Exemplar erstand ich in einem Trödlerladen in Çukurcuma, als ich gerade überlegte, wie ich im Roman und im Museum die Periode nach dem Militärputsch von 1980 schildern sollte, also etwa die bedrückende Atmosphäre, das Ausgangsverbot und die Polizeikontrollen auf den Straßen.

Was ist das eigentlich?

Zehn Tage später nahm ich eine Flasche Kölnisch Wasser der Marke Pe-Re-Ja an mich und hinterließ da, wo sie gestanden hatte, wieder verschämt einen Geldbetrag. Ein paar Monate lang war ich überzeugt, dass Füsun von meinen Tauschgeschäften nichts mitbekam. Flaschen mit Kölnisch Wasser nahm ich aus dem Haus der Keskins schon eine ganze Weile mit und hortete sie im Merhamet Apartmanı.

Beim Anblick des Nachttischs mit seiner halbgeöffneten Schublade musste ich unwillkürlich an meinen Vater denken. Der Schublade entströmte ein angenehmer Geruch nach Staub, Medikamenten, Hustensaft, vergilbtem Zeitungspapier. Auf dem Nachttisch stand das Glas mit dem Gebiss darin, daneben lag ein Buch von Reşat Ekrem Koçu, den Onkel Tarık sehr schätzte. In der Schublade lagen Zigarettenmundstücke, Telegramme, zusammengelegte Arztberichte, Zeitungsartikel über die Bankieraffären, Gas- und Stromrechnungen, angebrochene Medikamentenpackungen, alte Münzen und anderer Kram.

Onkel Tarıks Sachen erzählen von seinem Leben und seinem Tod. Ich habe mich gefragt, was mir eigentlich beim Einrichten dieser Box und der mit ihr verwandten Box Nummer 47 (*Der Tod meines Vaters*) so viel Spaß gemacht hat. Mit vertrauten Gegenständen Jahre später zu einem anderen Zweck herumzuspielen? Auch meine Großmutter legte vor dem Schlafengehen ihr Gebiss in ein Glas, so wie Onkel Tarık ...

Onkel Tarık

Genau zu der Zeit, die ich mit ihrer Mutter ausgemacht hatte, standen wir vor der Konditorei İnci. Wir gingen sogleich hinein, und wie ich es mir seit drei Tagen ausgemalt hatte, war auch hinten ein Platz frei. Wir setzten uns und bestellten Windbeutel, die Spezialität der Konditorei. »Die Sonnenbrille setze ich nicht wegen der Schönheit auf«, sagte Füsun. »Wenn ich an meinen Vater denke, schießen mir manchmal Tränen in die Augen, und das soll niemand sehen.«

Schon als Kind war ich wahnsinnig gerne in kühle Kinos gegangen, wenn es im Frühling draußen auf den Straßen schon ganz warm wurde. Füsun und ich trafen uns in Galatasaray, sahen uns lange Zeit Filmplakate an, bis wir uns für einen Film entschieden, traten dann ins Dunkel eines wenig besuchten Kinos, wählten im Leinwandlicht weit hinten einen möglichst einsamen Platz aus, und Händchen haltend sahen wir uns dann den Film mit der Gelassenheit von Leuten an, die endlos Zeit haben.

 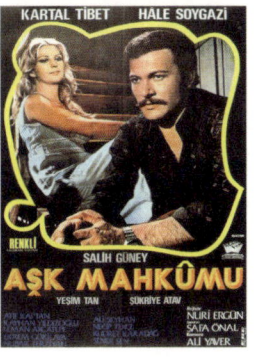 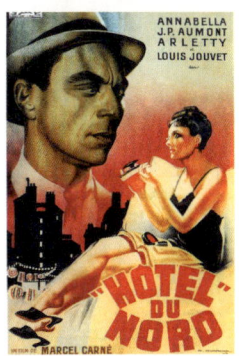

»IM ZWIEGESPRÄCH« MIT DEN DRESDNER UND MÜNCHNER KUNSTSAMMLUNGEN

Im Mai 2022 besuchten Marion Ackermann und Jiri Fajt von den Dresdner Kunstsammlungen mich an meiner Wohn- und Arbeitsstätte in Istanbul. Sie hatten zuvor mein zehn Minuten entferntes Museum der Unschuld besichtigt und fragten mich nun, ob ich mir vorstellen könne, in Anlehnung daran in den Dresdner Kunstsammlungen und im Lenbachhaus München eine Ausstellung zu gestalten. Wozu ich natürlich nach Dresden und München reisen, mir die dortigen Museen ansehen und mich von den Sammlungen zu neuen Werken inspirieren lassen sollte.

Im Januar 2023 fuhr ich somit ins eiskalte, verschneite Dresden und besah mir voller Zuversicht die Ausstellungsstücke von insgesamt zwölf Museen mit großen Sammlungen. Danach, im Mai, reiste ich nach München und sah mich im Lenbachhaus um, das ich schon zuvor kennen und schätzen gelernt hatte. Ich empfinde es als ein großes Geschenk, dass ich seit zwanzig Jahren von Museumsleitern und Kuratorinnen jeweils herzlich empfangen werde, dass die Menschen mir bereitwillig zeigen, was immer ich sehen will, und sich über mein ehrliches Interesse freuen.

So wandelte ich in den Museen so aufgeregt umher wie Alice im Wunderland. Eingestimmt war ich zum einen durch den von Bernhard Maaz erstellten Katalog der Gemäldegalerie Alte Meister, der mir bereits im Vorfeld zur Verfügung stand. In Vorbereitung auf das Lenbachhaus wiederum sah ich mir online an die 4000 Werke aus den dortigen Sammlungen an. Ich spürte dabei, dass ich von dem erfasst wurde, was ich in meinen Büchern das »Geheimnis der Dinge« nenne. All dies konnte schließlich in die von mir geplanten Werke eingehen.

Als ich mich daran machte, »im Zwiegespräch« mit den Dresdner Museen und dem Lenbachhaus neue Werke zu kreieren, ging mir allerdings ein grundsätzliches Problem im Kopf herum: All die Gegenstände im Museum der Unschuld, die Bilder, die Landschaften und Fotos, die Readymades und fiktiven Dinge, all das entstammte ja einem Roman, einem *Text*, wenn auch einem fiktionalen. Die Besucher meines Museums in Istanbul mögen vielleicht von der Schönheit der dortigen Werke, der Kompositionen oder »Assemblagen«, nicht unbedingt hingerissen sein, doch macht ihnen das Ausgestellte ein zweites Angebot: Sie sehen nämlich Dinge, die in einem fiktionalen Werk erwähnt werden, leibhaftig vor sich! Man könnte dies eine »durch ontologische Ambiguität ausgelöste metaphysische Erfahrung« nennen. Wie verblüffend es sein kann, etwas Fiktionales plötzlich als echten Gegenstand vor sich zu sehen, hat am besten Samuel Taylor Coleridge (1772–1834) zum Ausdruck gebracht, und zwar in seinen zu Lebzeiten unveröffentlichten Aufzeichnungen:

»If a man could pass through Paradise in a dream, and have a flower presented to him as pledge that his soul had really been there, and if he found that flower in his hand when he awoke – Aye! and what then?«

Seit der Eröffnung des Museums der Unschuld stelle ich dem dortigen Personal, von der Direktorin bis zum Pförtner, immer wieder die Frage, wie die Besucher jene metaphysische Erfahrung erleben. Lässt sich an ihrer Gestik und Mimik etwas ablesen? Insbesondere bei Besuchern, die immer wieder kommen und dem Personal mittlerweile wohlbekannt sind (sowohl Einheimische als auch Ausländer) und die vor den Vitrinen jeweils ganze zwei Stunden verbringen, ist mir der Gedanke lieb, dass ihnen tatsächlich ein solches außergewöhnliches Erlebnis zuteilwird.

Es gibt zahlreiche Beispiele für eine literarische Auseinandersetzung mit dem Thema der Romanfigur oder der Bildgestalt, die einem plötzlich im wirklichen Leben begegnet (in meinem Roman *Rot ist mein Name* etwa spielt in dieser Hinsicht das mittelalterliche islamische Liebesepos *Hüsrev ü Şirin* eine Rolle), oder für die Beziehung zwischen literarischen Figuren und ihrem Schöpfer (das berühmteste Beispiel dafür ist das Theaterstück *Sechs Personen suchen einen Autor* von Luigi Pirandello). Der Großmeister der Erforschung der ontologischen Unterschiede zwischen fiktiver und echter Welt war zweifellos Jorge Luis Borges (1899–1986).

Trotz all der metaphysischen Genüsse, die jene Beispiele dem Leser zu bieten haben, bleiben sie doch der Literatur als solcher verhaftet, sind also Erfahrungen, die im Labyrinth eines literarischen Textes verbleiben. Als ich mich vor zwanzig Jahren zum ersten Mal mit dem Projekt des Museums der Unschuld beschäftigte, ging ich von Museumsbesuchern aus, die sich in gleichem Maße für Kunst und Literatur interessieren und den Roman gelesen haben, und ihnen sollte nicht nur eine metaphysische Erfahrung in den Grenzen der Literatur verschafft werden, sondern das Erlebnis jener »ontologischen Ambiguität«. Sie sollten daher im Idealfall zuerst das Buch lesen und dann erst das Museum besuchen. (Im Verlauf von zehn Jahren hat sich wie bereits erwähnt herausgestellt, dass dies höchstens bei einem Viertel der Besucher der Fall ist, was zu Bescheidenheit Anlass gibt.) Die weitaus meisten Besucher kommen, wie dies in der Kunst ja meist der Fall ist, mit ihren ureigenen Absichten und ihrem persönlichen Geschmack in mein Museum, worauf bei ihnen Empfindungen ausgelöst werden, wie sie von mir nicht unbedingt vorhergesehen waren.

Kurz: Wie auch immer die Absichten und Erlebnisse von Museumsbesuchern beschaffen sein mögen, bei mir kam der beunruhigende Gedanke auf, dass die neuen Werke, die ich inspiriert vom Lenbachhaus und den Dresdner Museen gestalten sollte, mit einem »Manko« behaftet sein würden, da das Museum der Unschuld ja auf einem Text basierte. Die Gegenstände in den deutschen Museen sind nicht

Ausläufer meiner Texte, sondern dem fiktionalen Schaffen anderer entsprungen. Falls ich nun mit diesen Gegenständen neue Vitrinen und Werke kreiere, auf welchen Text soll ich dann Bezug nehmen? Von dieser Problematik gibt es noch eine grundlegendere Variante: Ist es überhaupt möglich, ein visuelles Kunstwerk zu schaffen, das nicht illustrativ ist und auf nichts anderes verweist als auf sich selbst? Was sollte sich hinter den von mir geschaffenen Werken für ein Text verbergen?

Die bewussten oder auch unbewussten Anleihen aus dem Museum der Unschuld – die Krähen, die Uhren, die schwarzen Telefone und noch so manches andere Detail, das aufmerksamen Besuchern nicht entgehen dürfte – haben mir wieder einmal vor Augen geführt, dass sich wie bei so manchem Schriftsteller und Künstler in meinem Kopf ein aus meinen Neigungen, ja Obsessionen bestehendes Universum dreht, eine Art blinkender Sternhaufen. Immer wieder komme ich auf dieselben Themen zurück und nehme sie mir von Neuem vor. Wenn ich also für ein anderes Museum oder eine Ausstellung neue Werke kreiere, so dürfte der dahintersteckende »verborgene« Text sich aus meinen Werken, meinen sämtlichen Büchern zusammensetzen. Und im Grunde will ich diese Texte ja gar nicht verbergen.

Hier eine Anekdote, die für meine Beziehung zur Kunst bezeichnend ist. Als ich in der siebten Klasse war, hatten wir zwei Mal in der Woche je zwei Stunden Zeichenunterricht. Die Lehrerin mochte mich, hielt meine Bilder stets lobend vor der Klasse hoch und schrieb an den Rand, ich sei talentiert. Sie ärgerte sich jedoch über eine Angewohnheit von mir: Ich konnte nicht anders, als auf meine Bilder etwas zu schreiben! Als Kind hatte ich beispielsweise zwei Kreise gemalt und in den einen »Papa«, in den anderen »Mama« geschrieben, nun aber ging mein Drang weit darüber hinaus. Auch auf einen Baum schrieb ich »Baum«, und auf ein Blatt »Blatt«. Wenn unsere Zeichenlehrerin, auf mich gemünzt, vor der Klasse verkündete, eine beschriebene Zeichnung sei überhaupt keine Zeichnung mehr, weckte das in mir erst recht den Wunsch, damit weiterzumachen. Und wiederbelebt wurde er nun, als ich inspiriert von den Dresdner Museen und dem Lenbachhaus neue Vitrinen zu planen begann.

Selbstverständlich bin ich nicht der erste Künstler, dem es Freude bereitet, auf Bilder etwas zu schreiben. Von den alten chinesischen Landschaftsmalereien über Albrecht Dürers Selbstbildnisse aus Jugendjahren bis hin zu Roy Lichtensteins Pop Art und den Gemälden Anselm Kiefers ließe sich eine stattliche Anzahl solcher Fälle aufzählen. (Ein geheimer Wunsch von mir wäre eine Ausstellung aus lauter solchen Bildern.) Meine Arbeit in München und Dresden soll nur ein bescheidener Beitrag zu dieser Thematik sein.

DER TROST DER DINGE

Teil II
Dresdner Notizen

Die Melancholie des Verfalls, 2023,
verschiedene Materialien, 21,4 × 59,4 × 50 cm

Montaigne entdeckte auf seiner Italienreise, wie melancholisch man beim Anblick antiker Ruinen werden kann. Ich erlebte das als Kind zwischen osmanischen Ruinen als »Hüzün«.

Ich habe mich bemüht, den Einfluss zweier Pariser Dichterfreunde auf zwei Istanbuler Dichterfreunde zu schildern und dabei das Geflecht von Nationalismus, Verfall, Verwestlichung, Dichtung und Szenerie allmählich aufzudröseln. Wenn auch die Stränge dieser Geschichte manchmal durcheinandergeraten sind, ist doch am Ende eine bestimmte Vorstellung entstanden, ein Gedanke, der mit der Zeit von den Istanbulern angenommen und weiterverbreitet wurde. Es ist wohl nicht unpassend, diese Vorstellung, die ihren Ursprung in den Stadtmauern und den ärmlichen Gegenden um sie herum hatte, als »Melancholie des Verfalls« zu bezeichnen, und die Viertel, in denen diese Melancholie am ehesten zu verspüren ist, unter dem Blickwinkel eines Außenstehenden (wie Tanpınar) »pittoresk« zu nennen. Die erstmals in einem pittoresken Anblick als Schönheit begriffene Melancholie sollte sich durch den Verarmungsprozess Istanbuls noch gute hundert Jahre halten.

Istanbul, S. 290

Paul Bril, *Blick auf das Forum Romanum mit den Säulen des Castor- und Polluxtempels und der Maxentiusbasilika*, 1600, Öl auf Kupfer, 21,5 × 29,5 cm, Gemäldegalerie Alte Meister, Staatliche Kunstsammlungen Dresden, Gal.-Nr. 858

Die Melancholie des Verfalls

Der Trost der Dinge, 2023,
verschiedene Materialien, 100,2 × 59,4 × 50 cm

Dr. Narin sagte, die Dinge hätten ein Gedächtnis. »Dinge befragen sich gegenseitig, verständigen sich, flüstern miteinander und sorgen für eine heimliche Harmonie untereinander, sie rufen jene Musik ins Dasein, die wir die Welt nennen.«

Ein merkwürdiger Wunsch kam mir in den Sinn – ich wollte jene Dinge, die ich während der letzten Besuche mit meinem Vater dort in der Wohnung gesehen hatte, noch einmal aus der Nähe betrachten: die Kanarienvögel im Käfig, das Barometer an der Wand, die säuberlich gerahmten Eisenbahnbilder, die Vitrine, zur Hälfte gefüllt mit Garnituren von Likörgläsern, Miniaturwaggons, Silberzeug, Bonbonnieren, Kontrolleurzangen und Eisenbahner-Verdienstmedaillen, zur anderen Hälfte mit vierzig, fünfzig Büchern, obendrauf der niemals benutzte Samowar und auf dem Tisch die Spielkarten ... Ich sah das Leuchten des Fernsehers durch die halboffenen Vorhänge, doch nicht den Apparat selbst.

Das neue Leben, S. 22

Die drei Freunde hatten die von Nuri extra zubereiteten Izmir-Köfte gegessen, sich ausgiebig am Familiengespräch beteiligt und alle zum Lachen gebracht. Dann waren sie wieder in das Arbeitszimmer hinaufgegangen und hatten geplaudert, ohne dass aber ein echtes Gespräch zustande gekommen wäre. So dachte Refik, dieses würde beginnen, sobald einmal alle anderen im Bett wären und sie sich ungestört im Wohnzimmer unten breitmachen könnten. Schon früher hatten sie es immer so gehalten. Sie hatten stundenlang Poker gespielt, und wenn im Haus alles verstummt war, hatten sie den Samowar aufgestellt und ewig geredet.

Cevdet und seine Söhne, S. 137

Nach den Übungsstunden im Park war es so ein Genuss für mich, nach Emirgân zu fahren und am Ufer Kaffee und Limonade zu trinken oder in einem Café in Rumelihisarı einen Tee aus dem Samowar, dass darüber der Ärger mit der Fahrerei gleich wieder verblasste.

Das Museum der Unschuld, S. 468

Pieter Claesz, *Stillleben mit hohem goldenen Pokal*, 1624,
Öl auf Eichenholz, 65 × 55,5 cm, Gemäldegalerie Alte Meister,
Staatliche Kunstsammlungen Dresden
Gal.-Nr. 1370

So leise wie möglich stiegen sie die Treppe hinunter. Refik ging weiter bis in die Küche und stellte erfreut fest, dass Nuri schon den Samowar angeheizt hatte. Zusammen mit dem Tablett darunter hievte er das brodelnde Gerät ins Wohnzimmer hinüber. Muhittin hatte schon in Cevdets Lieblingssessel Platz genommen.

Ömer inspizierte unterdessen die Räumlichkeiten. Als er wieder aus dem Zimmer trat, in dem das Klavier und die Möbel mit den Perlmuttintarsien standen, sagte er: »In diesem Haus ändert sich doch wirklich nichts!« Beim Anblick des Samowars hellte seine Miene sich auf. »Das soll aber keine Kritik sein!«

Refik ahnte, dass mit Hilfe des Samowars das bisher nur dahinplätschernde Gespräch endlich so in Gang kommen würde, wie er es erhoffte. Lächelnd erwiderte er: »Das also hältst du von diesem Haus! Und du, Muhittin?«

Cevdet und seine Söhne, S. 137

»Muhittin ist wieder mal besonders verdrossen!«, sagte Refik. »Warum bist du denn so? Lass dich doch ein bisschen gehen. Feier einfach mit! Was ist denn schon dabei? Und nachher gehen wir noch zu uns, ja?«

»Wozu?«

»Er will den Samowar aufstellen!«, sagte Muhittin lachend. »Über alte Zeiten quatschen, melancholisch werden, sich vergnügen …«

»Da hat er ja auch recht«, sagte Ömer. »Stellen wir ihn ruhig auf, den Samowar, und reden wir so richtig!« Da erblickte er Nazlı. »Ich bin verlobt!«, dachte er aufgeregt. Als wäre ihm da etwas umwerfend Neues eingefallen, sah er verwundert auf seinen Verlobungsring.

Cevdet und seine Söhne, S. 212

Das große schwarze Telefon, das weniger wie ein Instrument der Kommunikation als vielmehr wie ein schweres, plumpes, unheilvolles Kriegsgerät eine Ecke des Schreibtisches einnahm.

Die hin und wieder von selbst ertönende Klingel des Telefons erregte eher Angst als Aufmerksamkeit, der pechschwarze Hörer war schwer wie eine kleine Hantel, beim Wählen sang das Gerät eine knarrende Melodie wie die alten Drehkreuze auf der Anlegestelle der Dampferlinie Karaköy-Kadıköy, und manchmal stellte es nicht die gewünschte, sondern eine selbst gewählte Verbindung her.

Das schwarze Buch, S. 31

Was Galip jedoch ängstlich stimmte, war das gleichzeitige Gefühl einer weiteren Bedeutung der Gegenstände. Beim Anblick des Messinghahns glaubte er zunächst, er stelle wie in der Vokabelübung tatsächlich einen Messinghahn dar, dann aber spürte er aufgeregt, dass der Hahn außerdem noch etwas anderes meinte. Wie das schwarze Telefon auf dem Laken einerseits dem Begriff des Telefons auf der Übungsseite des Fremdsprachenbuches entsprach, jenes bekannten Gerätes, das wir anschließen, dessen Wählscheibe wir drehen und mit dem wir andere Menschen erreichen können, so zeigte es Galip noch einen anderen Zusammenhang, und der ließ ihm die Haare zu Berge stehen.

Das schwarze Buch, S. 243

»Dann sollten wir diese schwarzen Telefone zwischen uns beseitigen«, forderte die Stimme. Weil das Geläute dieser manchmal ganz von selbst klingelnden Apparate eher Angst als Aufmerksamkeit errege; weil die pechschwarzen Hörer schwer wie kleine Hanteln seien; weil sie beim Wählen der Nummern eine knarrende Melodie sangen wie die alten Drehkreuze auf der Dampferanlegestelle Karaköy-Kadıköy und weil sie manchmal nicht die gewünschte, sondern eine selbst gewählte Verbindung herstellten.

Das schwarze Buch, S. 386

ŞEYLER ARALARINDA
GİZLİ BİR AHENK KURAR
VE DÜNYA DEDİĞİMİZ BU
MÜZİĞİ OLUŞTURURLAR.

Eigentlich war er kein Doktor. Diesen Bei-
namen hatte er in der Militärzeit von seinen
Kameraden erhalten, weil er auf die kleinen,
bei Reparaturarbeiten nützlichen Einzelheiten
achtgab, wie die Achteckmutter einer Schraube
oder das Drehtempo beim Magnettelefon.
Und weil er Dinge mochte, weil es ihm gefiel,
sich mit ihnen zu beschäftigen, weil für ihn
die Entdeckung der Einmaligkeit eines jeden
Objekts des Lebens schönste Gabe war, hatte
er sich diesen Namen zu eigen gemacht.
Auf Wunsch seines Vaters, eines Parlaments-
mitglieds, hatte er nicht Medizin, sondern
Jura studiert und war dann in der Kleinstadt
Anwalt gewesen. Als die Ländereien, die
Bäume, alles, was er mir zeigte, nach dem Tod
seines Vaters sein Eigentum wurden, hatte
er nur noch nach eigenen Wünschen leben
wollen. Nach eigenen Wünschen: inmitten der
Gegenstände, die er selbst aussuchte, an die
er gewöhnt war und die er verstand. In dieser
Absicht hatte er in der Kleinstadt sein
Geschäft eröffnet.

Während wir auf einen Hügel kletterten, der
zur Hälfte von einer unentschlossenen Sonne
erhellt wurde, die keine Wärme gab, sagte
mir Dr. Narin, die Dinge hätten ein Gedächtnis.
Im Grunde genommen besäßen Gegenstände
genau wie wir die Eigenschaft, ihre Erfahrungen, ihre Erinnerungen aufzuzeichnen, zu
bewahren, doch die meisten von uns seien sich
dessen nicht bewusst. »Dinge befragen sich
gegenseitig, verständigen sich, flüstern miteinander und sorgen für eine heimliche Harmonie untereinander, sie rufen jene Musik ins
Dasein, die wir die Welt nennen«, sagte
Dr. Narin.

Das neue Leben, S. 150

Eva und der Garten, 2023,
verschiedene Materialien, 57,3 × 62,3 × 50 cm

»O Ādam, bewohne du und deine Gattin den Paradiesgarten, und esst von ihm reichlich, wo immer ihr wollt! Aber nähert euch nicht diesem Baum, sonst gehört ihr zu den Ungerechten!«

Diese Vitrine habe ich zusammen mit der danach gestaltet. Schon im Museum der Unschuld habe ich mir angewöhnt, bei der Komposition jeder Vitrine ihr Umfeld mit einzubeziehen.

In der Gemäldegalerie Alte Meister blieb ich immer wieder vor dem Luther-Porträt von Lucas Cranach dem Älteren (1472–1553) stehen. Irgendwie hatte ich das Gefühl, dem Bild hafte ein Manko an, als sei etwas zu simpel daran, oder technisch nicht richtig ausgeführt, und gerade das übte auf mich, der ich bis zweiundzwanzig ja noch hatte Maler werden wollen, einen seltsamen Zauber aus. Für meinen Geschmack ist Cranach im Vergleich zu anderen Malern etwas zu »illustrativ«. Doch störte mich vielleicht auch nur, dass ich mit der dahinterstehenden Geschichte nicht hinreichend vertraut war. Darüber, inwiefern man westliche Malerei überhaupt genießen kann, ohne über die Geistesgeschichte der westlichen Zivilisation genügend Bescheid zu wissen, muss ich einmal etwas schreiben. Oder über das, was Bild und Text voneinander trennt. Die reichlich illustrative islamische Miniaturmalerei löst sich von Text und Geschichte, da die Maler nicht bei jedem Bild die Texte neu lesen und interpretieren: Sie besehen sich lieber die Werke, die zu einem Thema bereits von anderen Malern gestaltet wurden.

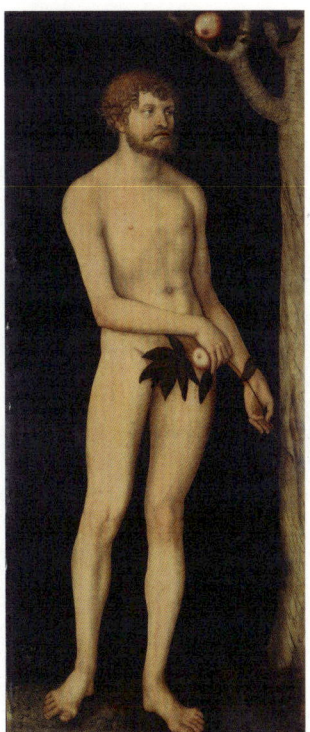

Lucas Cranach der Ältere, *Adam, Eva*, 1531,
Öl auf Lindenholz, 170,5 × 69,5 cm, Gemäldegalerie Alte Meister,
Staatliche Kunstsammlungen Dresden,
Gal.-Nr. 1911, 1912

Vielleicht deshalb wollte ich etwas mit diesem Bild machen, das an Adam und Eva und die Erbsünde erinnert. Im Koran kommt diese Szene zwar vor, wird aber anders erzählt als in der Bibel. Obwohl sie im Koran nur eher beiläufig erwähnt wird, kennt doch jeder halbwegs Gebildete in unseren Breitengraden die Geschichte der Erbsünde und der Vertreibung aus dem Paradies so, wie sie in der Bibel vorkommt, vermutlich deswegen, weil sie in Bildern und Karikaturen immer wieder erwähnt wird.

Zum anderen flüstert eine leicht spöttische Stimme uns zu, dass nicht nur bei Cranach, sondern in der gesamten Kunstgeschichte nicht der Text ausschlaggebend ist, sondern das durch den Text legitimierte Bild, die Freude am Schauen. Es ging wohl nicht immer nur darum, eine religiöse Geschichte, von der sich jeder seine eigene Vorstellung macht, von Neuem abzubilden, sondern unter diesem Vorwand konnte Eva wieder als nackte Frau gemalt und zur Schau gestellt werden. Als der große Spötter Gustave Flaubert (1821–1880) mit dreißig zu seiner Orientreise aufbrach, begegnete er zuerst in Rom in der Villa Borghese der nackten Venus von Cranach und später in Florenz wieder einer von Cranach gemalten nackten Frau, was ihm Anlass gab, die beiden Bilder sarkastisch zu vergleichen und dabei auf pikante Details einzugehen.

Die Krähe und der Friedhof, 2023,
verschiedene Materialien, 50,2 × 62,4 × 50 cm

Aus Resat Ekrem Koçus *Istanbul-Enzyklopädie* und aus alten Büchern, die ich las, als würde ich Märchen lauschen, weiß ich, dass Gräber und Friedhöfe seit jeher Teil des städtischen Alltagslebens sind. Die schiefen osmanischen Grabsteine, zwischen denen Kinder Fußball spielen und Leute sich in den Schatten legen, erinnern die Istanbuler an die Vergänglichkeit des Lebens, gleich den Vanitas-Stillleben, die man sich im Westen zu Hause an die Wand hängte. Die zwischen den Grabsteinen und den Zypressen herumflatternden Krähen wiederum weisen mir, der ich als Kind den Spitznamen »Krähe« trug, das Bemühen um Modernität als vergeblich aus, als warnten sie mich vor einer Todsünde.

In seiner berühmten Schrift »Philosophie der Komposition« schildert Edgar Allan Poe, wie er beim Verfassen des Gedichtes »Der Rabe« vorgeht, um einen bestimmten »melancholischen« Ton zu treffen. In Übernahme der kaltblütigen Logik Coleridges kommt er zunächst zu dem Schluss, das melancholischste Thema sei nun einmal der Tod. Dann fragt er sich, wann dieses Thema zugleich am poetischsten sei. »Dann, wenn es sich am innigsten mit der Schönheit verbindet!«, schließt er mit der Nüchternheit eines Ingenieurs und bringt im Herzstück seines Gedichtes eine schöne junge Tote unter.

Man darf zwar vermuten, dass die vier Schriftsteller, denen ich in der Fantasie immer begegnete, nicht bewusst zu Poes Kompositionsmitteln griffen, doch müssen sie gespürt haben, dass sie nur dann authentisch sein konnten, wenn sie sich der Vergangenheit Istanbuls in dem schwermütigen Bewusstsein annahmen, dass jene alte Kultur dahingegangen war und nie wiederaufleben würde. Wenn man bei der Betrachtung vergangener Herrlichkeit im Leben des alten Istanbuls immer wieder einmal auf eine sterbende Schöne oder auf malerische Trümmer stieß, so verhalf dies der Vergangenheit zu besonderer Würde und Romantik. Dieser mit Sorgfalt gewählte Blickwinkel, den man als »Trümmermelancholie« bezeichnen könnte, hat unsere vier Schriftsteller zwar ganz im Sinne des autoritären Staates zu Nationalisten gemacht, sie aber doch vor jener despotischen Geisteshaltung anderer geschichtsbewusster Landsleute behütet, die gerne auch in Aggressivität ausartete.

Istanbul, S. 133

Galip blieb, als es dämmerte, unbeweglich und traurig in seinem Sessel sitzen. Eine neugierige Krähe vor dem Fenster blickte ihn seitwärts an, von der Hauptstraße kam der Lärm des freitagabendlichen Gedränges herauf. Ganz allmählich glitt er hinüber in einen glücklich machenden Schlummer. Es war dunkel im Zimmer, als er lange danach erwachte, doch er fühlte das Auge der Krähe vor dem Fenster genauso auf sich gerichtet wie Celâls »Auge« von der Zeitung her. Ohne Licht zu machen, schloss er langsam die Schubladen, fand mit gewohntem Griff seinen Mantel, zog ihn über und verließ das Büro. Alle Lampen waren gelöscht auf den düsteren Fluren des Gebäudes. Der Gehilfe aus der Teeküche spülte die Abtritte. Er spürte die Kälte, während er über die schneebedeckte Galata-Brücke lief.

Das schwarze Buch, S. 81

Das Interessante an diesen Legenden aber ist die Schilderung des Autors, wie er während eines Abendspazierganges über den Friedhof des Ortes die Verbindung zwischen der im Westen als Pantheismus bezeichneten sufitischen Philosophie und seiner im Widerstand zu dem Şeyh, seinem Vater, entwickelten »Philosophie des Dinglichen« entdeckt hatte. Als er auf dem Friedhof voll grasender Schafe und schläfriger Geister die gleiche Krähe wie schon vor zwanzig Jahren zwischen den nunmehr etwas größeren Zypressen erblickte, wurde ihm klar, dass Rumpf und Flügel jenes im Hegel'schen System »das Erhabene« genannten dreisten Flugtieres stets die gleichen blieben, was auch immer dem Kopf oder den Füßen geschehen mochte. Er hat auch diese Krähe auf dem Einband selbst gezeichnet. Dieses Buch beweist, dass jeder nach Unsterblichkeit strebende Türke sowohl sein eigener Johnson wie Boswell, sowohl Goethe wie auch Eckermann sein muss.

Das schwarze Buch, S. 88

Die Sonne schien nicht ins Zimmer, sie traf die Fenster nur am Rande. Die Vorhänge waren aufgezogen. Aus den schlamm- und schneegefüllten Regenrinnen lief das Wasser über und tropfte von den Eiszapfen, die am Dachrand des Wohngebäudes gegenüber hingen. Zwischen dem Dreieck eines Daches in Ziegelrot und schmuddeliger Schneefarbe und dem Rechteck eines langen Schornsteins, der Braunkohlenrauchwolken zwischen seinen dunklen Zähnen ausstieß, zeigte sich der blaue, blanke Himmel. Als Galip seine vom Lesen müde gewordenen Augen auf den Raum zwischen Drei- und Viereck richtete, sah er Dohlen, die in schnellem Flug das Blau durchschnitten, und als er den Kopf wieder den Papieren zuwandte, wurde ihm klar, dass Celâl beim Schreiben seiner Aufsätze auf den gleichen Fleck hinaussah, wenn er müde wurde, und den Flug der gleichen Dohlen beobachtete.

Das schwarze Buch, S. 280

Frans Floris, *Bildnis zweier Kinder*, 1563,
Öl auf Eichenholz, 120 × 88 cm, Gemäldegalerie Alte Meister,
Staatliche Kunstsammlungen Dresden,
Gal.-Nr. 849

»Krähe«, das war auch der Spitzname, den mir Bekir verpasst hatte, der unter der Last seiner Aufgaben den Humor nicht verlor und jeden Enkel seiner Herrin mit solch einem Namen rief. Als ich ihn später einmal fragte, was mich zur »Krähe« prädestiniert habe, meinte er, ich sei so dünn und zerzaust gewesen und hätte oft den Krähen auf dem Dach des Nachbarhauses zugeschaut. Mein Bruder, der immer seinen Teddy mit sich herumschleppte, hieß deshalb »Kinderfrau«, mein Cousin wurde wegen seiner Schlitzaugen »Japaner« genannt, eine dickköpfige Cousine von mir »Ziege« und ein als Frühgeburt zur Welt gekommener Cousin »Sechsmonate«. Jahrelang wurden wir bei uns zu Hause nicht anders gerufen als mit diesen Namen, die für mich einen zärtlichen Klang hatten.

Istanbul, S. 139

Die Krähe und der Friedhof

In ihren Jahren als Gefangene im Palast hatte sie gelernt, auf jede Kleinigkeit zu achten, auf jedes Dingelchen, jeden Grashalm, auf Wolken, Insekten, Vögel. Nun fiel ihr eine Krähe auf, die mit großer Regelmäßigkeit an ihr Fenster kam. Als Kind hatte sie mit ihren Schwestern die Menschen in »Krähenfreunde« und »Möwenfreunde« eingeteilt. Ihr selbst waren die weißen, freien, eleganten Möwen viel lieber als die frechen, cholerischen Krähen, auch wenn es von denen hieß, sie seien die intelligenteren Tiere. Die eine »würdevolle, imponierende« Krähe aber, die abends an ihr Fenster kam, hatte es ihr angetan, und sie sah ihr hingebungsvoll zu. Die Krähe flog immer das Fenster an, an dem Pakize Sultan ihre Briefe schrieb, und äugte zu ihr herein.

Die Federn auf ihrem großen Kopf schillerten manchmal in der Sonne. Ganz anders als die anderen Krähen krächzte sie nicht wie ein zeterndes Weib, sondern verhielt sich fast immer still. Das Federkleid war schwarz und bleigrau, die Füße von dunklem Rosa und irritierender Hässlichkeit. Wenn Pakize Sultan an ihren Briefen schrieb, stand die Krähe reglos am Fenster und lugte auf die sich fortbewegende Federspitze, als bewunderte sie, wie Buchstabe auf Buchstabe aufs Papier floss und sich zu Wörtern und Worten formte. Sie schien in Pakize Sultan regelrecht verliebt zu sein. Wenn Doktor Nuri das Zimmer betrat, verschwand der große schwarze Vogel sofort.

Einmal aber flog er nicht davon, als wollte er sich Damat Doktor Nuri »zeigen«. Der sah den verliebten Blick, den das Tier seiner Frau zuwarf, und rief aus: »Das ist ja die Krähe, die immer zu Sami Pascha kommt!«

»Aber ganz bestimmt nicht!«, versetzte Pakize Sultan eifersüchtig.

Die Nächte der Pest, S. 466

Später fragte ich einmal meinen Vater, wann er und meine Mutter darauf gekommen seien, dass ich ein Talent zum Zeichnen hätte. »Du hast einmal ein Bild von einem Baum gemalt«, sagte er, »und auf einen Ast hast du eine Krähe gezeichnet. Da haben deine Mutter und ich uns angeschaut, denn die Krähe saß auf dem Ast wie eine richtige Krähe.«

Diese Geschichte entspricht wohl nicht ganz der Wahrheit, aber da sie mir auf Anhieb gefiel, will ich sie gerne glauben. Aller Wahrscheinlichkeit nach hatte es mit dem Baum und der Krähe nichts Besonderes auf sich. Das Magische an der Geschichte ist nur, dass auf Einwirken meines Vaters hin meine Eltern plötzlich der Überzeugung waren, ich sei mit einem »Zeichentalent« gesegnet. Zurückzuführen war das hauptsächlich darauf, dass mein Vater, dem es ja an Optimismus und Selbstvertrauen nie gebrach, über jenes andere Talent verfügte, alles, was seine Söhne anfingen, uneingeschränkt bewundern zu können. Damals dachte ich natürlich nicht so. Da glaubte ich einfach wie meine Eltern, beim Zeichnen irgendetwas Besonderes zu besitzen, das dann später von manchen Talent genannt wurde.

Istanbul, S. 170

wer'nn

wenn

hörte mic

der Enge

DER·ENGEL·DER·ELEGIEN·HAT·NICH
HIM·MES·ZU·TUN·EHER·MIT·D

Rilke und die Engel im Islam, 2023,
verschiedene Materialien, 116,4 × 114,4 × 50 cm

Die folgenden Verse, mit denen Rainer Maria Rilkes (1875–1926) *Duineser Elegien* beginnen, stellen einen der Ausgangspunkte meines lyrischen, politisch angehauchten Romans *Das neue Leben* dar:

> »Wer, wenn ich schriee,
> hörte mich denn aus der Engel
> Ordnungen?«

Ich setzte mich in meinem Roman damit auseinander, was Rilke wohl mit der Aussage meinte, die Engel in seinen Elegien hätten eher mit den Engelsgestalten des Islam zu tun. In den dreißig Jahren seit Erscheinen des Romans ist diese Frage denn auch von zahlreichen Literaturwissenschaftlern erörtert worden. Es wird oft auf Rilkes Briefe verwiesen und darauf, dass er den Koran las. Insbesondere wird die Frage aufgeworfen, inwiefern die von Rilke so sorgsam unterschiedenen Engel der Christenheit und des Islam sich denn genau unterschieden. Die Antwort darauf wird im Koran, in der Bibel, in Rilkes Gedichten und Briefen gesucht, also in lauter Texten.

Ich habe mich vielmehr bemüht, in dieser Vitrine eine visuelle Antwort zu geben. Dem riesigen Gemälde des spanischen Malers Francisco de Zurbarán (1598–1664) in der Galerie Alter Meister habe ich Engelselemente entnommen und sie mit Engeln aus islamischen Manuskripten in einer Collage zusammengebracht. Schlussfolgerung:

1. Die christlichen Engel sind größer. Sie wirken mehr wie richtige Individuen. Und führen ein dramatischeres Leben!

2. Die Engel im Islam sind weniger individuell gestaltet, sie ähneln sich mehr. Andauernd sind sie damit beschäftigt, jemandem zu helfen, eine Botschaft zu überbringen oder sonstige Dienstleistungen auszuführen. Sie sind klein, bienenfleißig, dienstbar und lieblich.

Francisco de Zurbarán, *Gebet des heiligen Bonaventura um die Wahl des neuen Papstes*, 1628/29, Öl auf Leinwand, 238 × 222 cm, Gemäldegalerie Alte Meister, Staatliche Kunstsammlungen Dresden, Gal.-Nr. 696

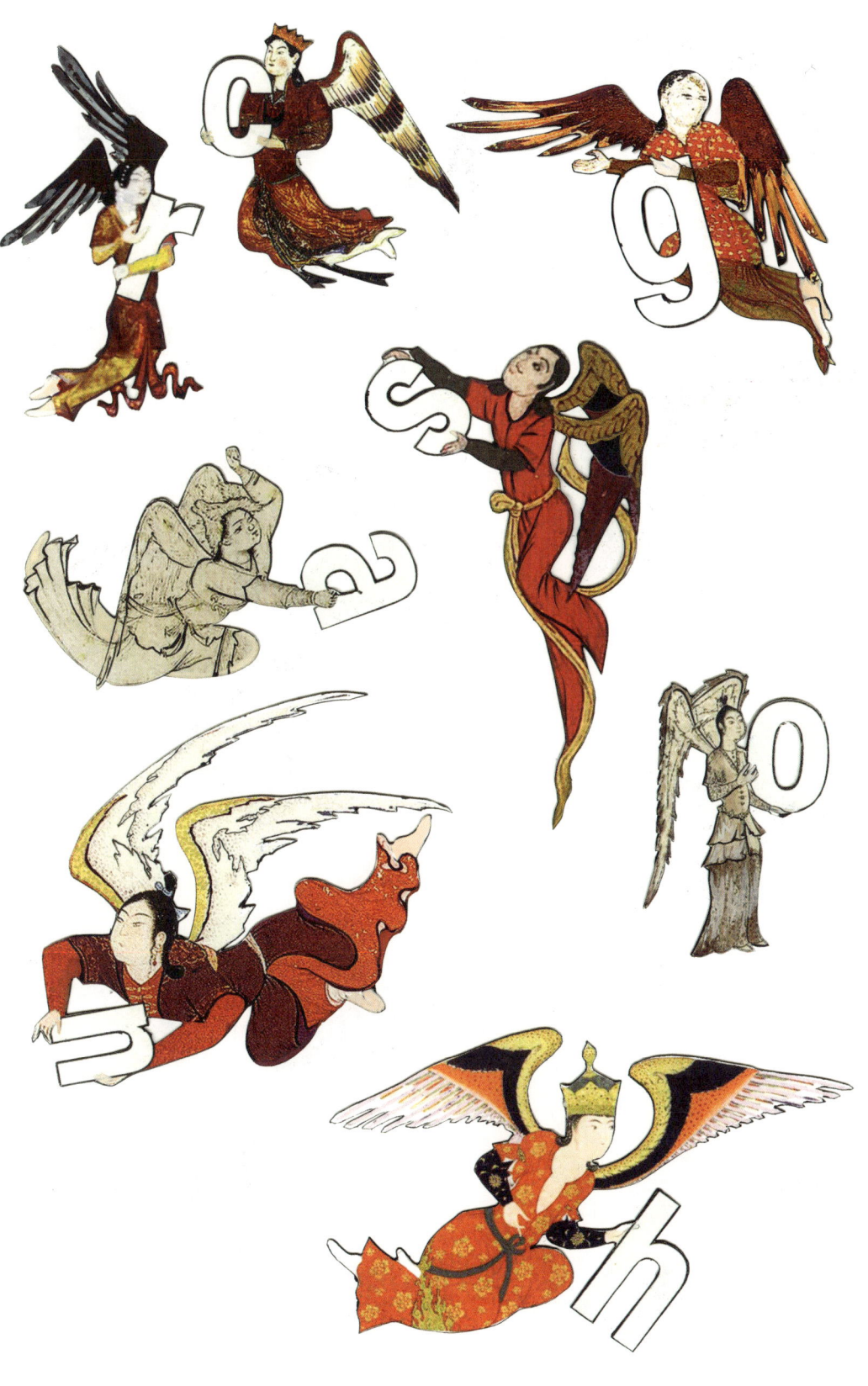

Rilke soll in einem berühmten Brief an seinen polnischen Übersetzer gesagt haben, der Engel seiner *Duineser Elegien* stünde den Engeln des Islam näher als denen des Christentums, was Onkel Rıfkı dem kurzen Vorwort des Übersetzers in der türkischen Ausgabe entnommen hatte. Einem Brief, den Rilke zu Beginn der Niederschrift der Elegien an Lou Andreas-Salomé nach Spanien schickte, entnahm ich, er habe den Koran gelesen und »staune, staune«, was mich für einige Zeit zu den Engeln des Korans hinzog, doch ich konnte dort keine jener Geschichten wiederfinden, die ich von meiner Großmutter, den Tanten aus der Nachbarschaft oder meinen allwissenden Freunden kannte. Nicht einmal Azrail, der Name des Todesengels, der uns aus den Karikaturen der Presse bis hin zu den Verkehrsplakaten im Unterrichtsfach Lebenskunde so gut bekannt ist, stand im Koran, er hieß einfach Todesengel. Über Michael und den am Jüngsten Tag die Posaune blasenden Seraph konnte ich nicht mehr erfahren, als ich ohnehin wusste. Mein deutscher Briefpartner, den ich danach fragte, ob die zu Anfang der fünfunddreißigsten Sure des Korans erwähnten »zwei-, drei- und vierflügligen« Engel ein dem Islam eigener Ausdruck seien oder nicht, schickte mir eine Mappe mit den Fotokopien christlicher Engel aus Kunstbänden und schloss das Thema ab: Außer ein paar kleinen Einzelheiten wie der Erwähnung einer anderen Kategorie von Engeln im Koran, den ebenfalls zu den Engeln zählenden Höllenwächtern und der biblischen Vorstellung, dass die Engel ein starkes Band zwischen Gott und seinen Geschöpfen darstellen, gebe es zwischen den Engeln des Christentums und denen des Islam keinen bedeutenden Unterschied, der Rilkes Wort rechtfertigen würde.

Trotzdem war ich der Ansicht, dass Onkel Rıfkı bei der endgültigen Gestaltung seines Buches, auch wenn sie nicht von Rilke kamen, an einige Verse der Koran-Sure Al Takwir gedacht haben könnte, die vom Herabsinken des Buches, »in dem alles geschrieben steht«, zu Mohammed und von Gabriel spricht, der ihm zwischen den leuchtend fallenden und vergehenden Sternen vor dem Horizont an der Grenze zwischen Tag und Nacht erschien. Doch das war zu jener Zeit, als ich monatelang lesend alles, was ich gelesen hatte, mit allen Dingen verglich und in Onkel Rıfkıs Büchlein ein nicht nur aus dreiunddreißig, sondern aus allen Büchern entstandenes Werk sah. Je mehr die sich auf meinem Tisch häufenden schlechten Übersetzungen, Fotokopien und Notizen mir außer über Rilkes Engel auch etwas über den Grund für die Schönheit der Engel, über die absolute Schönheit, die den Unfall und den Zufall ausschloss, über Ibn Arabi, über die den Menschen übertreffenden Eigenschaften und die Grenzen und Sündenfälle der Engel, über ihre Fähigkeit, sowohl hier wie dort zu sein, über die Zeit, über den Tod und das Leben nach dem Tod sagten, desto mehr entsann ich mich der Dinge, die ich nicht nur in Onkel Rıfkıs Büchlein, sondern auch in den Abenteuern von Pertev und Peter gelesen hatte.

Das neue Leben, S. 308

*Grundlagen der politischen Ökonomie
und der Besteuerung*, 2023,
verschiedene Materialien, 43 × 114,4 × 50 cm

Wenn ich zwischen meinem siebten und siebzehnten Lebensjahr an hohen Feiertagen meiner Großmutter ehrerbietig die Hand geküsst hatte, händigte sie mir jeweils einen druckfrischen Zehnliraschein aus. Darauf waren Atatürk, Halbmond und Stern und diverse andere staatliche Hoheitssymbole abgebildet, was mich schon früh auf den Gedanken stieß, dass Dinge wie Familie, Zugehörigkeit und Liebe nicht weit von Begriffen wie Unterwerfung, Macht und Geld entfernt sind.

Das *Selbstporträt im konvexen Spiegel* von Parmigianino (1503–1540) ist eines der wundersamsten Werke in der Geschichte der Selbstporträts. Im Alter von einundzwanzig Jahren stellte der geniale Maler sich auf einer Leinwand mit einem Durchmesser von nur 24 cm so dar, wie er in einem ebenso kleinen konvexen Spiegel aussah. Zum einen darf man sich fragen, wie der Maler, der auf dem Bild wie ein Kind wirkt, in so jungen Jahren überhaupt auf so eine originelle Idee kam. Des Weiteren muss man die Fertigkeit bewundern, mit der der Maler in einer Zeit, in der noch keine Fotos und digitalen Bilder erfunden waren, die Ausführung technisch bewerkstelligte. Man fühlt sich beim Anblick des Werks in das kleine Zimmer in der lombardischen Stadt Viadana transportiert, in der Parmigianino 1524 lebte. Das soll ein Selbstporträt ja auch bewirken: Über die Topografie eines Gesichts, über Augen, Brauen und Nase hinaus möchten wir in die materielle und seelische Welt des Menschen versetzt werden!

Grundlagen der politischen Ökonomie
und der Besteuerung

Marinus van Reymerswale, *Der Geldwechsler mit seiner Frau*, 1541,
Öl auf Eichenholz, 93 × 111 cm, Gemäldegalerie Alte Meister,
Staatliche Kunstsammlungen Dresden,
Gal.-Nr. 812

Ein weiteres mir unvergessliches Werk
ist das Gemälde *Der Geldwechsler
und seine Frau* des flämischen Malers
Quentin Massys (1466–1530). Ein
Geldwechsler wiegt mit einer feinen
Waage Goldmünzen und Schmuck-
stücke ab, während seine Frau dem
Betrachter das religiöse Buch hinhält,
in dem sie gerade liest. Etwa fünf-
undzwanzig Jahre später nahm sich
der ebenfalls flämische Maler Marinus
von Reymerswale des gleichen
beliebten Motivs an und bearbeitete
es in einer Bilderserie unter verschiedenen Blickwinkeln. Als ich in der
Gemäldegalerie Alte Meister einem
Exemplar davon begegnete, fiel mir
das oft auf Buchcovern abgebildete
»Original« wieder ein, und im Zwiegespräch mit dem Gemälde van
Reymerswales beschloss ich, ein
eigenes Werk beizutragen.

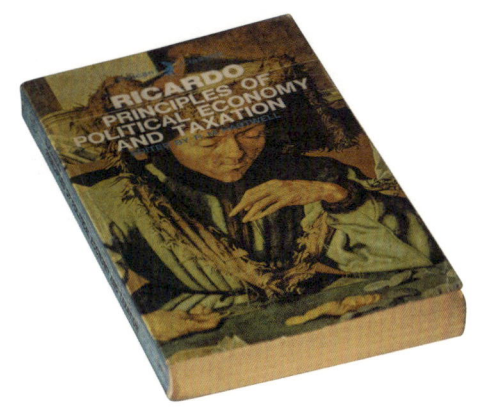

Die sattsam bekannten Gesichter des Geldwechslers und seiner Frau brauchten in »meinem Werk« nicht zu sehen sein, es kam mir mehr auf die zum Wiegen verwendeten Gerätschaften an, auf die Goldstücke, die Buchhaltungshefte, die Bücher, den Schmuck, das Tischtuch. Dem Diorama fügte ich Erinnerungsstücke daran hinzu, wie ich in meiner Kindheit sanft ans Ökonomische herangeführt wurde, nämlich Münzen, wie ich sie von meiner Großmutter bekam, nachdem wir ihr an Feiertagen die Hand geküsst hatten, aus dem Verkehr gezogene Münzen mit einem Loch in der Mitte, wie meine Großmutter und ihre Freundinnen sie beim Kartenspielen benutzt hatten, und Spielgeld, wie es Silvester beim Bingo-Spielen verwendet worden war. (In einer der hier nicht ausgestellten Vitrinen des Museums der Unschuld bin ich auf das Bingo-Spielen näher eingegangen.)

Später, als ich im Mai 2023 im Louvre vor Massys' Original stand, fiel mir auf, dass der konvexe Spiegel darauf in Reymerswales Gemälde getilgt war. Warum nur? Hatte der Maler sich beim Kopieren seines Meisters an die technischen Schwierigkeiten einer solchen Darstellung nicht herangewagt?

Auch möchte ich darauf hinweisen, dass auf dem Gemälde mit dem Geldwechsler aus dem Jahr 1514 schon ein konkaver Spiegel mit einem Bild darin abgebildet war, und das zehn Jahre, bevor der junge Parmigianino sich mit seinem Bild hervorgetan hatte. Offensichtlich war es zu jener Zeit sowohl in Italien als auch in Flandern Mode, auf einem Ölgemälde als Talentprobe ein konvexes Spiegelbild anzufertigen.

Ebenfalls im Jahr 1514 eroberte der osmanische Sultan Selim I. die persische Stadt Täbris, plünderte die reichhaltige Bibliothek Schah Ismails mit den bebilderten Handschriften, die den Schatz der persischen Malerei darstellten, und ließ die dortigen Miniaturmaler und Kalligrafen als Geiseln nach Istanbul bringen, wo sie von nun an in eigenen Ateliers

Grundlagen der politischen Ökonomie und der Besteuerung

arbeiten sollten. Jene Maler und ihre Nachfolger sollten sich über sieben, acht Generationen hinweg nicht mit Massys oder Parmigianino, also mit westlicher Malerei beschäftigen, sondern vielmehr mit islamischen Miniaturen in der Tradition der Timuriden, der Safawiden oder Herat, und im Topkapı-Palast ahmten sie jene Werke nach und wandelten sie ab.

Da ich die westliche Malerei immer nur aus der Ferne betrachte, habe ich nie so recht begriffen, wie wichtig Technik- und Materialprobleme eigentlich sind, und deshalb habe ich in meiner unbekümmerten Art dem Gemälde Reymerswales in der Galerie der Alten Meister den »fehlenden« konvexen Spiegel einfach hinzugefügt und somit zu den technischen Spielchen der westlichen Malerei, um die sich die osmanischen Miniaturmaler jahrhundertelang keinen Deut geschert haben, meinen bescheidenen Beitrag geleistet!

Im konvexen Spiegel auf Massys' Gemälde im Louvre lässt ein Kunde Geld wechseln; im großen, hellen Fenster dahinter sind eine flämische Landschaft, ein Gebäude und der blaue Himmel zu sehen.

Dadurch, dass ich in meinem Werk im konvexen Spiegel im blau gestreiften Hemd mit Istanbul im Hintergrund erscheine, ist ähnlich wie bei Parmigianino eine Art Selbstporträt entstanden. Die Details des osmanischen Fensters entstammen den Abbildungen, die der im 19. Jahrhundert wirkende deutsch-französische Maler Anton Ignaz Melling von Fenstern in Bosporus-Villen angefertigt hatte. Istanbuler, die sich für historische Details interessieren, finden nur bei westlichen Malern realistische Darstellungen ihrer Stadt! Türken und Muslime zeigten nämlich bis ins letzte Viertel des 19. Jahrhunderts an solchem Realismus leider kein Interesse. Eines der Projekte, die ich wohl nie verwirklichen werde, wäre ein Buch mit dem Titel *Die Entwicklung der künstlerischen Darstellung Istanbuls*.

Solus Rex, 2023,
verschiedene Materialien, 31,5 × 53,4 × 50 cm

»Solus Rex« ist ein Begriff aus dem Schach. Er bedeutet, dass im Endspiel ein König völlig allein dasteht – also alle anderen Figuren geworfen wurden –, was im Endspiel durchaus vorkommen kann. Auch als Schachproblem kommt der Solus Rex vor, bzw. sieht man beim Lösen eines Schachproblems allmählich, dass es auf einen einsamen König hinausläuft. Hier ist der schwarze König der in den *Nächten der Pest* im Hintergrund wirkende Protagonist Abdülhamit II. Diese Vitrine hat auch etwas von der uneinnehmbaren weißen Festung der westlichen Zivilisation aus meinem gleichnamigen Roman. Angesichts der Melancholie der Festungsüberreste haben diese Fantasien ihre Bestimmtheit und ihre Energie jedoch eingebüßt. *Solus Rex* ist außerdem der Titel eines unveröffentlichten Romanfragments von Vladimir Nabokov.

Johann Anton Eismann, *Ruinen am Fluss*, um 1670/80?,
Öl auf Eichenholz, 26,5 × 30,5 cm, Gemäldegalerie Alte Meister,
Staatliche Kunstsammlungen Dresden,
Gal.-Nr. 2014

Die Eisenbahn, der Tabak und Abdülhamit, 2023,
verschiedene Materialien, 53 × 53,4 × 50 cm

Nach seiner Thronbesteigung trat Sultan Abdülhamit 1863 seine erste große Reise an, die ihn nach Ägypten führte. Er wurde von seinen drei Neffen begleitet, von denen einer, der spätere Sultan Abdülhamit, nach seiner ersten Zugfahrt von Alexandria und Kairo erfreut erklärte: »Hoffentlich kommt die Eisenbahn auch mal zu uns!« Allerdings war Ägypten damals zumindest auf dem Papier noch Teil des Osmanischen Reichs. Drei Jahre später ging der Wunsch in Erfüllung, denn nach Fertigstellung der Strecke zwischen Izmir (Alsancak) und Aydın war die Eisenbahn auch bei »uns« angelangt. Der Grund für ihren von der britischen Ottoman Railway Company verantworteten Bau bestand hauptsächlich im Tabakhandel. Abdülhamit war starker Raucher. Wer nun fragt, ob es denn angehen könne, dass der Herrscher über ein riesiges Reich sich nicht nur in kindlicher Hingabe für Züge interessiere, sondern auch noch der Zigarette verfallen sei, der sei darauf verwiesen, dass es im Islam weder ein Tabak- noch ein Eisenbahnverbot gibt. Diskussionen über das schädliche Potenzial von Tabak bezogen sich vielmehr auf die Befürchtung, in verrauchten Kaffeehäusern könnten Menschen über den Sultan herziehen und politisch konspirieren. Die osmanischen Haremsfrauen sogen den lieben langen Tag an langen Tabakspfeifen. Beim nächsten Mal werde ich dann erläutern, warum Abdülhamit die Bagdadbahn von den Deutschen bauen ließ und welche Zigaretten er zusammen mit seiner Tochter Ayşe rauchte. Durch die Einführung der Eisenbahn kam bei den Osmanen übrigens die Taschenuhr auf, und die alte Welt mit ihren Kandelabern und Kerzen ging zu Ende.

Gerrit Dou, *Stillleben mit Leuchter und Taschenuhr*, um 1660, Öl auf Eichenholz, 43 × 35,5 cm, Gemäldegalerie Alte Meister, Staatliche Kunstsammlungen Dresden, Gal.-Nr. 1708

Die Freuden, einen Brand zu beobachten, 2023,
verschiedene Materialien, 168 × 80 × 50 cm

Die Freude daran, einen Brand zu beobachten, stellt nicht nur für mich, sondern für viele Einwohner oder Besucher Istanbuls seit dem 19. Jahrhundert einen geradezu ästhetischen Genuss dar, für den als Symbol das geöffnete Fenster steht. Über den offensichtlichen Schaden hinaus, dass bei einem Brand Leben verlorengehen und Häuser und Habseligkeiten vernichtet werden, gibt es im Islam noch die legendäre Vorstellung des »Höllenfeuers«, das siebzigmal stärker brennt als jedes andere Feuer, da weltliches Feuer nicht genügen würde, um die Sünder zu bestrafen. Als 1993 in der türkischen Stadt Sivas Schriftsteller und Intellektuelle zusammenkamen, wurde ihr Hotel von Fundamentalisten angezündet. Viele Menschen verbrannten, und aus der gaffenden Menge war zu hören: »Das Höllenfeuer! Das Höllenfeuer!« Mit der Hölle verband ich als Kind auch das danteske Bild der dort wirkenden Höllenwächter, von denen Erwachsene manchmal erzählten, insbesondere die Hausangestellten, die mich in die Moschee mitnahmen. In meiner Kinderseele hatte sich wohl die Aufregung, mit der man aus einem Brand Menschenleben und Hab und Gut zu retten sucht, mit der in der Hölle verspürten Angst vor den Höllenwärtern vermischt, jedenfalls habe ich dem Werk mit dem Titel *Eine brennende Stadt* aus der Gemäldegalerie Alte Meister islamische Höllenwärter, Teufel und Dämonen hinzugefügt.

Islamische Miniaturen sind ausgesprochen reich an solchen teuflischen, schamanischen Geschöpfen, die uns ins Dunkel der Unterwelt und in den Tod führen! Betrachtet man jedoch die Details jener Miniaturen nicht unter dem Aspekt der Furcht vor Höllenstrafen, sondern echter nüchtern, so erfährt man einiges über die Empfindsamkeit, die Einfühlungsgabe, die Ängste und damit die Menschlichkeit der mittelalterlichen islamischen Miniaturmaler.

Aber nicht nur für Osmanenpaschas, Plünderer, Diebe und natürlich Kinder war so ein Brand ein willkommenes Ereignis, sondern auch die Reiseschriftsteller aus dem Westen, die ab Mitte des 19. Jahrhunderts in die Stadt kamen, sahen darin ein gewaltiges Spektakel, das es zu dokumentieren galt. Théophile Gautier etwa, der 1852 während seines zweimonatigen Aufenthalts Zeuge von nicht weniger als fünf Bränden wurde, führt sie alle genüsslich auf (als der erste ausbrach, saß Gautier gerade im Friedhof von Beyoğlu und schrieb ein Gedicht). Für einen Schaulustigen ist es natürlich von Vorteil, wenn es in der Nacht brennt. Als Gautier den Brand einer Farbenfabrik am Goldenen Horn schildert, beschreibt er die in den Nachthimmel züngelnden Flammen als »einzigartigen Anblick«, geht mit Kennerblick auf das Spiel der Schatten auf den Schiffen und auf das Wogen der Zuschauermenge ein und lässt sich von dem Knacken und Krachen beeindrucken, unter dem das Holzgebäude schließlich in sich zusammenstürzt. Er sucht die Brandstätten später erneut auf, und als er mit ansieht, wie sich nach Großbränden Hunderte von Familien mit dem wenigen Hausrat, den sie den Flammen

entreißen konnten, innerhalb von wenigen Tagen behelfsmäßig einrichten und das ihnen Widerfahrene schicksalsergeben hinnehmen, wertet er dies als türkisch-muslimisches Spezifikum.

Tatsächlich waren Brände ein so unzertrennlicher Bestandteil der fünfhundertjährigen osmanischen Geschichte, dass die Istanbuler vornehmlich ab dem 19. Jahrhundert, als besonders viele Feuersbrünste zu beklagen waren, auf eine solche Eventualität innerlich stets eingestellt waren. Wer im 19. Jahrhundert in einer engen Gasse in einem Holzhaus wohnte, dem musste es so erscheinen, dass sein Haus irgendwann einmal unweigerlich abbrennen würde. Und selbst wenn es nicht zum Zusammenbruch des Osmanischen Reiches gekommen wäre, hätten allein schon die Großfeuer, die zu Anfang des 20. Jahrhunderts in steter Folge wüteten und jeweils Tausende von Häusern, Dutzende von Wohnvierteln, ja ganze Stadtteile verwüsteten und Zehntausende von obdachlosen, hilfsbedürftigen Menschen zurückließen, hinreichend dafür gesorgt, dass vom historischen Erbe und von der Potenz der Stadt ein Großteil verlorenging.

Für Leute wie mich, die in den fünfziger und sechziger Jahren miterlebten, wie der Rest der oft schon reichlich heruntergekommenen Häuser, Yalıs und Konaks aus Holz ein Raub der Flammen wurde, stand – anders als bei den Osmanenpaschas – nicht die reine Schaulust im Vordergrund, sondern ein ganz besonderer seelischer Drang: der mit Neid und Schuldgefühlen vermischte Wunsch nämlich, so schnell wie möglich die letzten Spuren einer großen Kultur getilgt zu sehen, an deren Stelle wir unwürdigerweise ein billiges Abziehbild westlicher Zivilisation setzten.

Istanbul, S. 243

Die Freuden, einen Brand zu beobachten

Joseph Vernet, *Eine brennende Stadt*, 1740/50,
Öl auf Leinwand, 235 × 170 cm, Gemäldegalerie Alte Meister,
Staatliche Kunstsammlungen Dresden,
Gal.-Nr. 790

Die Art von Katastrophe, die den Istanbulern ganz besonders in Erinnerung bleibt und vor der sie sich am meisten fürchten, sind die Schiffsunglücke, die sich immer wieder auf dem Bosporus ereignen und von der Stadt in einem großen Gemeinschaftsgefühl erlebt werden. Da bei solchen Gelegenheiten die üblichen Lebensregeln außer Kraft gesetzt wurden, uns aber letztendlich doch nichts geschehen konnte, empfand ich klammheimlichen Spaß an diesen Unglücken, fühlte mich deswegen aber auch schuldig.

Als uns eines Nachts durch eine gewaltige Explosion und eine riesige, den Sternenhimmel verdunkelnde Rauchwolke angezeigt wurde, dass mitten auf dem Bosporus zwei Tankschiffe zusammengestoßen waren und brannten, war ich acht Jahre alt und verspürte weniger Furcht als Schaulust. Aus Telefonanrufen erfuhren wir dann, es hätten sich auch die umliegenden Öllager entzündet, und den ganzen Bosporus entlang stehe »alles, alles« in Flammen. Wie bei allen größeren Bränden hatte zuerst irgendjemand Rauch und Feuer gesichtet, dann waren Gerüchte in Umlauf gekommen, von denen die meisten natürlich falsch waren, und schließlich half alles Protestieren der Mütter und Tanten nichts mehr, wir mussten uns den Brand ganz einfach ansehen.

Istanbul, S. 238

A rose is a rose is a rose, 2023,
verschiedene Materialien, 62,5 × 45,9 × 50 cm

A rose is a rose is a rose

Die Hand, die die Rose hält, entstammt einem Bild aus dem Mogul-
reich des 19. Jahrhunderts. Während
die Türken sich im Museum des
Topkapı-Palasts mit den Bildern in
iranischen Handschriften beschäftig-
ten und davon beeinflusst wurden,
erlernten die Moguln durch die von
Goa bis Indien reichende portugie-
sische Kultur eine »andere Art« zu
malen und entdeckten mit der Zeit
einen von den iranischen Bildern sehr
unterschiedlichen Stil.

Auf dem zweiten von der Rose abge-
henden Schriftzweig stehen Verse des
Dichters Mahir aus Eğribozlu:

> „Wo ist nur die Zeit, als die Rose
> lachend kam? Wenn ich nun
> denke, wie wir lachten, muss ich
> weinen.«

Auf dem Bilderrahmen steht am Rand
der berühmteste und unverständ-
lichste Vers der Dichterin Gertrude
Stein (1874–1946):

> »A rose is a rose is a rose.«

Der erste Rahmen stammt aus dem
Werk *Die heilige Familie im Blütenkranz*
von Frans Francken und Jan Brueghel
in der Gemäldegalerie Alte Meister.
Der zweite Rahmen ist aus einer iranischen Handschrift des 18. Jahrhunderts.

Jan Brueghel der Jüngere / Frans Francken
der Jüngere, *Die heilige Familie im Blütenkranz*,
um 1630/40, Öl auf Kupfer, 51,5 × 38 cm,
Gemäldegalerie Alte Meister, Staatliche
Kunstsammlungen Dresden,
Gal.-Nr. 915

"Kıyamet kopacak, kıyamet"
derdi Dabaannem evde ve
sokakta şikayetler ve yük-
selen sesler arttığında:
Kıyametten önce İsrafil'in
borusu çalacak, bizi
birinci çalışında uyutacak,
ikincisinde hayata
uyandıracaktı!

Teşvikiye Camii'nden kalkan ve belediye ban dosu eşliğinde ilerleyen cenazeler ve Harbiye'de sürekli talim yapan mehter takımı hep bizim evin önünden geçtiği için kıyamet borusu ve mahşer fikri bana yabancı değildir.

Israfils Horn, 2023,
verschiedene Materialien, 40,2 × 43,4 × 50 cm

»Das Jüngste Gericht! Das Jüngste Gericht!«, rief meine Großmutter, wenn es zu Hause oder draußen auf der Straße auf einmal sehr laut zuging. Vor dem Jüngsten Gericht bläst Israfil in sein Horn; beim ersten Mal, damit wir einschlafen, beim zweiten Mal, um uns zum Leben zu erwecken.

Da an unserem Haus von der Teşvikiye-Moschee her immer wieder von Musik begleitete Leichenzüge sowie Militärmusikkapellen vorbeikamen, ist mir der Gedanke an das Horn des Jüngsten Gerichts und den Jüngsten Tag nicht fremd.

Im Grunde durfte es nicht nur in diesem Haus, sondern auf der ganzen Insel nur noch eine Devise geben, und die hätte Bonkowski Pascha am liebsten laut hinausgeschrien: »Leute, haltet so viel Abstand wie möglich!« Von europäischen Ärzten hatte er vernommen, in China seien Zehntausende an der Pest verstorben, und in manchen Gegenden seien ganze Familien, ganze Dörfer, ja ganze Stämme ausgelöscht worden, noch bevor sie überhaupt begriffen hätten, was vor sich gehe. Nun fürchtete er, eine solche Katastrophe könne über diese ruhige, reizvolle Insel hereinbrechen.

Die Nächte der Pest, S. 57

Einer der berüchtigtsten war der von Viertel zu Viertel ziehende Erinli Ekrem. Es hieß, er habe in Istanbul Theologie studiert, und neben seiner Arbeit als Beamter der Stiftungsverwaltung war er lediglich für seine Bücherliebe bekannt und führte ansonsten ein unscheinbares Dasein. Dann verstarben aber kurz hintereinander seine beiden Ehefrauen, mit denen er sehr glücklich gewesen war. Daraufhin verschrieb er sich ganz der Koranlektüre, und bald schon behauptete er, was Minger gerade erlebe, sei nichts anderes als der Jüngste Tag.

Als Ekrem Efendi den Major in seiner Uniform und mit den Orden auf der Brust vor sich sah, verhielt er sich wie jedes Mal, wenn er jemandem begegnete, nämlich blieb er stehen und rezitierte mit ausladenden Armbewegungen die Koran-Sure vom Jüngsten Tag. Er tat dies voller Inbrunst, allerdings mit etwas näselnder, ja weinerlicher Stimme. Der Major hörte dem hochgewachsenen Mann im schwarzen Gehrock und mit dem violetten Fes aufmerksam zu. Beim sechsten Vers, der da lautete, »Und wann bricht der Jüngste Tag an?«, sah Ekrem den Major drohend an. Wenn die Menschen verblendet seien, der Mond im Dunkel versinke und Sonne und Mond aufeinanderträfen, dann breche der Jüngste Tag an! Darauf streckte der Mann seinen langen Arm zum Himmel empor, wo der Major jedoch nichts anderes entdeckte als herrlichstes Minger-Blau. Um sich mit dem Mann nicht herumzustreiten, tat er aber so, als hätte er etwas gesehen.

Die Nächte der Pest, S. 275

Willem van Mieris, *Der Trompeter*, 1700,
Öl auf Eichenholz, 30 × 25 cm, Gemäldegalerie alte Meister,
Staatliche Kunstsammlungen Dresden,
Gal.-Nr. 1769

Falls ich noch nicht gesagt haben sollte, dass ich niemanden fürchte außer Allah und in meinen Augen die einen hier auf Erden ereilende Strafe keine zwei Para wert ist, dann will ich's hiermit sagen. Meine Furcht gilt den Martern, die wir am Jüngsten Tag noch und noch erleiden werden, wie es im Koran, zum Beispiel in der Sure Al-Furkan, für Mörder wie mich ganz eindeutig bestimmt worden ist.

Rot ist mein Name, S. 167

»Ich bin anderer Meinung«, widersprach der alte Kolumnist. »Nehmen wir uns den so beliebten Artikel ›Wenn der Bosporus austrocknet‹ vor. Ist das etwa keine Dieberei aus den Tausenden von Jahren alten Büchern, wo die Anzeichen des Weltendes, die Tage des Untergangs vor dem Erscheinen des Messias beschrieben werden, im Koran, in den Endzeit-Suren, bei Ibni Chaldun, bei Ebu Horasani?«

Das schwarze Buch, S. 116

In der dritten Gemeinschaftszelle verbreitete sich die Pest, und die Häftlinge wurden noch dazu von den Wärtern schlecht behandelt, sodass sie schon lange auf eine Gelegenheit warteten, um sich aufzulehnen. Als draußen auf einmal eine »anarchische« Stimmung herrschte und nicht nur die Derwische, sondern auch manche Ladenbesitzer und diverse Defätisten gegen die Quarantänesoldaten hetzten, sahen die Häftlinge ihre Stunde gekommen.

Die Nächte der Pest, S. 504

Viel später sagte Storch: »Kann der Blinde jemals dem Sehenden gleich sein?« Wollte er damit andeuten, das uns von Allah verliehene Vergnügen am Schauen sei erhaben, auch wenn das Geschaute unzüchtig war? Storch verstand aber nichts von diesen Dingen, las nie im Koran. Ich wusste, dass die alten Meister von Herat diesen Koranvers oftmals zitiert hatten. Er diente ihnen als Antwort, wenn die Feinde der Malkunst behaupteten, unser Glaube verbiete das Malen von Bildern, und drohten, alle Malkünstler würden am Jüngsten Tag zur Hölle fahren.

Rot ist mein Name, S. 509

Das ist eine Brücke, 2023,
verschiedene Materialien, 77,5 × 63,5 × 50 cm

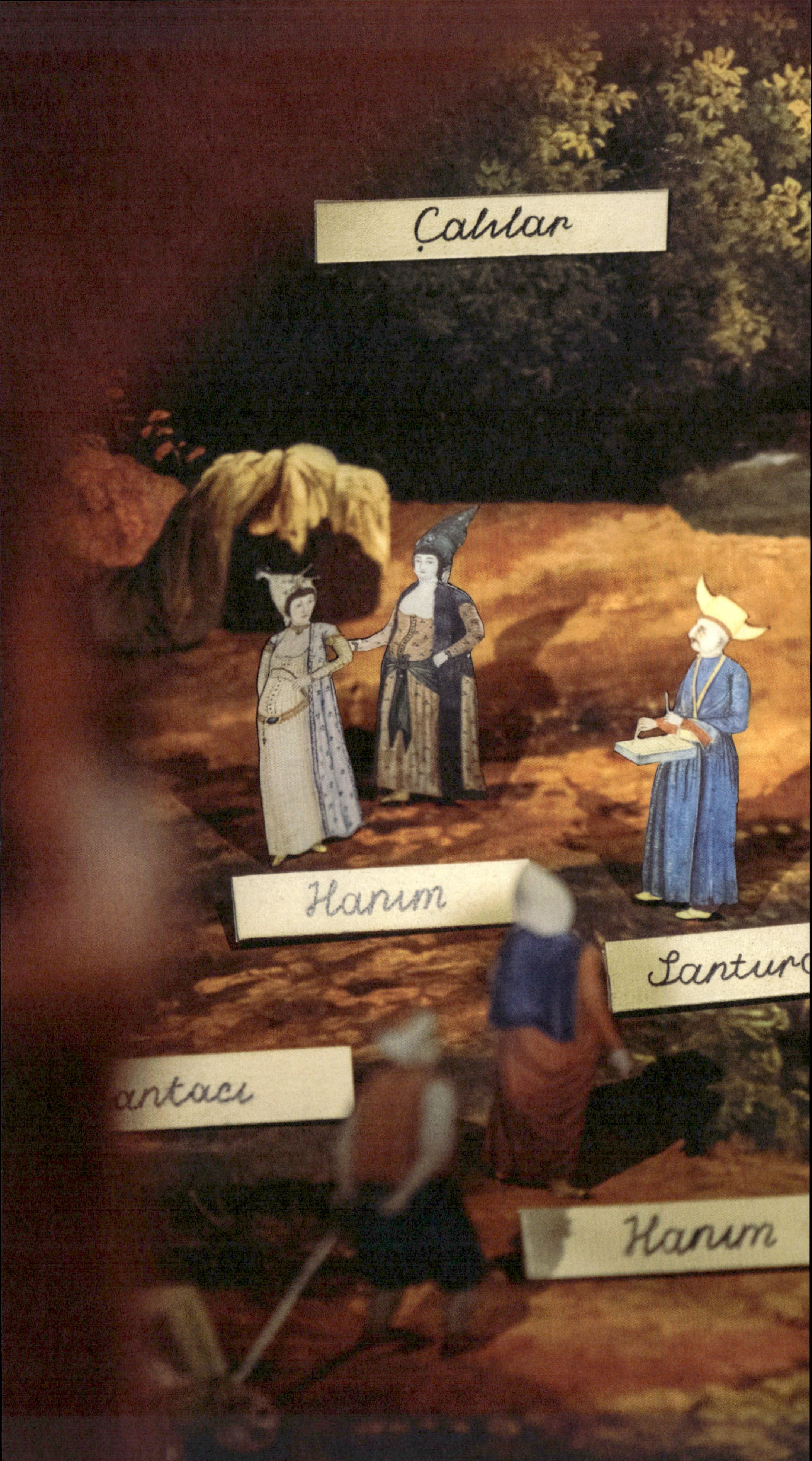
Çalılar
Hanım
Santur
antacı
Hanım

DIE SCHULBÜCHER MEINER KINDHEIT, MAGRITTE UND DIE »KIYAFETNAME«

Die ersten Texte, mit denen ich in meinem Interesse an Schrift und Bild konfrontiert wurde, fand ich in Schulbüchern und Sprachlehrbüchern. In der Fibel namens ALFABE, mit der in den fünfziger Jahren sechsjährigen Istanbuler Kindern das Lesen und Schreiben beigebracht wurde, war auf einer mir unvergesslichen Seite ein großes Pferd abgebildet, und darunter stand PFERD. Da PFERD der allgemeine Name dieses Tiers ist, hatte das Wort dort zweifellos seine Berechtigung. Doch das weiße Pferd auf dem Bild war doch nur eines der vielen Pferde, die es gab und geben konnte. Damit ich einsah, dass ein einzelnes Pferd der Stellvertreter für alle Pferde war, für das »Pferd an sich«, sollte also genügen, dass darunter PFERD stand?

Als ich mich sechs Jahre später abmühte, in der Schule Englisch zu lernen, sollte mich das wieder durcheinanderbringen. Auf einer Seite waren in einer Einfachheit, die mich seit jeher verzaubert, ein Stift, ein Fenster und eine Teetasse abgebildet, und darunter standen in dem Buch, mit dem der Longman-Verlag den Kindern anderer Nationen die englische Sprache vermitteln wollte, die Wörter »pencil«, »window« und »tea cup«. Wie Wörter und Dinge deckungsgleich sein können oder auch nicht, ob sie harmonieren oder nicht, fasziniert mich, und jene Schulbuchseiten stürzten mich in eine nicht unangenehme Verwirrung, die ich mir als Kind noch nicht erklären konnte. Vierzig Jahre später behandelte ich jene Themen in meinem Roman *Rot ist mein Name*, der 1591 spielt und von osmanischen Miniaturmalern handelt, und das versetzte mich zurück in meine Kindheit und veranlasste mich dazu, mich einem der Dilemmata des menschlichen Verstandes mit philosophischen Methoden anzunähern. Herausgekommen ist letztlich ein literarischer Text darüber, wie sehr mich die Beziehung zwischen Schrift und Bild verzaubert.

René Magritte (1898–1967) hat mit seinem Werk *Der Verrat der Bilder* die Problematik, die mich in meinem schriftstellerischen und künstlerischen Dasein seit jeher beschäftigt, drastisch auf den Punkt gebracht und damit einen der bedeutendsten Klassiker der modernen Kunst geschaffen. Nicht vergessen sei auch sein entsprechender theoretischer Text *Les mots et les images*, den er im Dezember 1929 in *La Révolution surréaliste* veröffentlichte. In dieser Vitrine habe ich aus einem von westlicher Hand stammenden »Kıyafetname«, einem Lexikon aus der zweiten Hälfte des 18. Jahrhunderts (genaues Datum unbekannt), die Wörter, die osmanische Berufe beschreiben, in fröhlichem Transliterationsdurcheinander verwendet und dabei unter jeder Figur in der gleichen Schrift platziert, die Magritte in seinem Bild benutzt, das auch den Namen *Dies ist keine Pfeife* trägt, und dabei kam mir jeweils »Dies ist kein Janitschar« und »Dies ist kein Lastenträger« in den Sinn.

Die ersten osmanischen »Kıyafetname« entstanden aus dem Bestreben heraus, aus Besonderheiten von Gesicht, Augen, Haar, Händen oder Füßen auf charakterliche und seelische Eigenschaften eines Menschen zu schließen. Ab dem 16. Jahrhundert wurden sie zur Veranschaulichung von Miniaturmalern illustriert. Man war damals der Ansicht, nicht nur durch Kleider versuche der Mensch etwas von sich zu verbergen, sondern auch durch Haare, Augen oder Hände, während zugleich aber jene körperlichen Merkmale auch etwas über die charakterliche Verfassung verrieten,

sodass in jenen Werken ähnlich wie in Astrologie- oder Orakelbüchern eine mystische Rhetorik gepflegt wurde.

Ab dem 17. Jahrhundert entwickelten sich die »Kıyafetname« zu eher realistischen Darstellungen, in denen einem Zielpublikum westlicher Reisender aufgezeigt werden sollte, was osmanische Persönlichkeiten für originelle, bunte Kleider trugen und was dies über ihre gesellschaftliche Stellung aussagte. (An den Abbildungen kann ich mich nicht sattsehen, und mir ist, als lebten unsere »Vorväter« in diesen Büchern fort!) Ab dem 18. Jahrhundert bezogen die Werke ihre Anziehungskraft immer mehr aus den Bildern an sich und wurden teils von »Marktmalern«

Kömürcü

Das ist eine Brücke

Jakob Philipp Hackert, *Civita Castellana*,
1775, Öl auf Leinwand, 71,5 × 59 cm, Gemäldegalerie Alte Meister,
Staatliche Kunstsammlungen Dresden,
Gal.-Nr. 2183 A

genannten osmanischen Miniatur- malern, teils von talentierten westlichen Reisenden angefertigt. Aufgrund der unterschiedlichen Illustratoren lässt sich mit der Zeit eine Annäherung zwischen dem orientalischen und dem westlichen Stil beobachten. Das Original der von mir in dieser Vitrine verwendeten Handschrift mit ihren über 170 Dar- stellungen befindet sich im Deutschen Archäologischen Institut in Istanbul, unweit meines Wohn- und Arbeits- ortes in Cihangir.

Jagderinnerungen, 2023,
verschiedene Materialien, 31,3 × 41,6 × 50 cm

Wenn das Schreiben ein Sehen ist
und das Malen ein Schreiben ...
So weiß der Jäger Avni, was Liebenden, Jägern und diesem Falken
durch Jagderinnerungen schmerz-
lich bewusst ist: Auf der Bühne
wird der Jäger zum Wild, und auf
dem Bild das Wild zum Jäger.

AVNI AUS EDIRNE

Wie in Europa gaben auch im Osmanischen Reich die Jagd und Jagdzeremonien Anlass zu einem Zusam-
mentreffen der höfischen Kultur mit
der natürlichen Umgebung und ihren
mythischen Gestalten. Die osmanischen Sultane waren der Jagd sehr
zugetan. Sultan Mehmet IV., der
in meinem Roman *Die weiße Festung*
eine Rolle spielt, wurde aufgrund
seiner Jagdleidenschaft nicht nur im
Volksmund, sondern auch von seriö-
sen osmanischen Historikern als
Mehmet der Jäger bezeichnet.

Mehmet IV. ließ sogar die osmanische
Hauptstadt von Istanbul nach Edirne
verlegen, weil es dort für die Jagd
günstigere Voraussetzungen gab (ein
weiterer Grund für die Verlegung war
die Pest). So ist es nicht weiter ver-
wunderlich, dass einer der beliebtesten osmanischen Dichter, nämlich
Avni, der auch Jagdgedichte schrieb,
aus Edirne stammte. Die Şikariye
oder Saydiyye genannten Lobgesänge,
die die osmanischen Diwan-Dichter
mit der Zeit entwickelten und für die
sie sich stattliche Entlohnung erhoff-
ten, waren Chroniken der oft tagelang
andauernden Jagdzeremonien, bei
denen jede einzelne Phase allegorische
Bedeutung hatte (in der Jagdliteratur
und in Jagdgemälden verweist immer
alles auf irgendetwas anderes), und
nebenbei rühmte man die Treffsicher-
heit des jagenden Sultans.

Dichter, denen es beim Schildern von
Jagdszenen weniger auf die Aner-
kennung des Sultans ankam als auf
das Gedicht an sich, spielten mit den
bekannten Metaphern des Jägers als

Jagderinnerungen

August Querfurt, *Ein Reiter auf weißem Pferde mit einem Jagdfalken*,
Öl auf Tannenholz, 22,5 × 33 cm, Gemäldegalerie Alte Meister,
Staatliche Kunstsammlungen Dresden,
Gal.-Nr. 2091

Verliebtem, des Wilds als der Angebeteten, des Falken als eines männlichen Jägers. Eines der bekanntesten und schwungvollsten Beispiele der »Türkischen Kunstmusik« des 20. Jahrhunderts, die sich der Versformen der Diwan-Literatur bediente, ist das Lied *Der Weg nach Bagdad*, in dem eine verliebte Frau singt:

> »Du bist ein Falke, ich ein Spatz,
> Hast deine eiserne Kralle
> Mir ins Herz gebohrt.«

Von ähnlicher Finesse ist in den bildlichen Darstellungen von Jagdszenen leider kaum die Rede. Beim Anblick des Jagdgemäldes von August Querfurt kam mir daher in den Sinn, ich könnte wieder einmal das versuchen, was ich in *Das schwarze Buch* und in *Rot ist mein Name* – und eigentlich in all meinen Romanen – tue, nämlich eine Kunst- oder Literaturform (die Jagdszene als westliche Darstellungsform des Jagdtheaters) als eine Art Theater zu sehen, in dem ich traditionelle orientalische Figuren platziere.

Der Museumsbesucher, der Querfurts Pferd mit den Pferden aus der Vitrine »Der Osmanismus« gleich daneben vergleicht, ist in meinen Augen der »ideale Besucher«.

Ut pictura poesis, 2023,
verschiedene Materialien, 24,2 × 41,4 × 50 cm

Bis ich zweiundzwanzig war, zeichnete und malte ich viel, ich wollte ja Maler werden. Schließlich wurde ich Schriftsteller, hörte aber nicht auf, über das Verhältnis von Malerei und Literatur nachzudenken. In den Jahren 2009 bis 2013 hielt ich an der Columbia University in New York ein Seminar ab, in dem wir jenem Verhältnis auf den Grund zu gehen suchten. Es wurde von den Studenten schlicht »Worte und Bilder« genannt und wir befassten uns darin mit der bei den Griechen unter »Ekphrasis« firmierenden Fähigkeit, Kunstwerke möglichst anschaulich zu schildern. Ich las mit den Studentinnen und Studenten literarische Texte, in denen solche Beschreibungen vorkamen, diskutierte mit ihnen, was es bedeutet, mit Worten eine Vorstellung hervorzurufen, und bemühte mich mit großem Vergnügen, die Sache mit ihren Augen zu sehen und mit ihren Worten darüber zu reden.

Einer der grundlegenden Texte des Seminars war Gotthold Ephraim Lessings (1729–1781) Schrift *Laokoon oder Über die Grenzen der Malerei und Poesie*. Sein brillanter Essay lehrt eine einfache, wenn auch – solange man nicht darauf gestoßen wird – nicht leicht zu erkennende Wahrheit: Die Literatur bewegt sich in der Zeit. Für eine Geschichte benötigt man ein Ereignis, also eine Veränderung, und folglich die Zeit. Die Kunst – ob Malerei, Architektur oder Bildhauerei – bewegt sich dagegen im Raum. Ein Kunstwerk ist entweder zwei- oder dreidimensional. »Zeit« und »Raum« wiederum sind laut Immanuel Kant die einzigen Formen reiner Anschauung a priori.

Gerrit Dou, *Der Maler in seiner Werkstatt*, 1647,
Öl auf Eichenholz, 43,5 × 34,5 cm,
Gemäldegalerie Alte Meister, Staatliche
Kunstsammlungen Dresden,
Gal.-Nr. 1704

Ich verwies im Seminar darauf, dass manche Schriftsteller (Tolstoi, Proust) visuell sind, also ihre Geschichten erzählen, indem sie in uns Bilder hervorrufen, während bei anderen (Dostojewski) Worte die größere Rolle spielen. Beim Lesen eines Tolstoi-Romans werden Bilder in uns wach, bei Dostojewski steht das Handeln der Protagonisten im Vordergrund. Kommt es zwischen diesen zu einer Auseinandersetzung, ist weder das Licht im Raum von Bedeutung noch sind es irgendwelche Gegenstände. Mich selbst beschrieb ich eher als »visuellen« Schriftsteller. In der letzten Seminarstunde veranstaltete ich mit den Studenten ein Experiment. »Schließen Sie bitte die Augen«, bat ich sie, »und stellen Sie sich irgendetwas vor. So, und jetzt öffnen Sie die Augen wieder. Was haben Sie sich vorgestellt: ein Wort oder ein Bild? Einen Apfel oder einen ?«

Einen bedeutenden Platz räumte ich im Seminar dem als *Ars Poetica* bekannten Text von Horaz (65–8 v. Chr.) ein, dem das Zitat »Ut pictora poesis« entstammt, »wie die Malerei, so die Poesie«. Mir war es sehr wichtig, dass meine Studentinnen und Studenten mit dieser berühmtesten Schrift über den Vergleich zwischen Malerei und Literatur Bekanntschaft machten: »Die Poesie ähnelt der Malerei. Manche Werke fesseln einen, wenn man dicht davorsteht, andere vielmehr aus größerer Entfernung. Das eine bevorzugt einen dunkleren Standpunkt, das andere möchte im Licht gesehen werden, denn es scheut nicht das scharfe Urteil der Kritik. Das eine gefällt nur einmal, das andere erfreut uns auch beim zehnten Mal.«

Caspar Netscher, *Der Briefschreiber*, 1665,
Öl auf Eichenholz, oben rund, 27 × 18,5 cm,
Gemäldegalerie Alte Meister, Staatliche
Kunstsammlungen Dresden,
Gal.-Nr. 1346

Der Osmanismus, 2023,
verschiedene Materialien, 55,2 × 43,4 × 50 cm

IST DER BEGRIFF »TÜRKISCHE KUNST« EIN OXYMORON?

Zunächst sollten einige Begrifflichkeiten geklärt werden. Beim Terminus »Oxymoron« ist das leicht, dabei handelt es sich um einen Ausdruck, der einen inneren Widerspruch beinhaltet, wie etwa ein »lautes Schweigen«.

Anders verhält es sich mit dem Begriff »Kunst«, auf Englisch »art«, auf Türkisch »sanat«, denn von Land zu Land und von Sprache zu Sprache sind damit unterschiedliche Dinge gemeint. »Sanat« ist im Türkischen ein weiter Begriff, der von Musik und Poesie über Literatur, Theater, Film und Architektur bis hin zum Weben und Teppichknüpfen alles Mögliche umfasst. Im Westen dagegen wird unter Kunst in der Regel vor allem die Malerei und die bildende Kunst verstanden. Als Henry James (1843–1916) von der *Kunst des Romans* sprach, lud er mit diesem widersprüchlichen Ausdruck zum Nachdenken ein, betonte er doch, das Verfassen eines Romans sei ein Handwerk, das auch etwas »Plastisches« an sich habe.

Wenn nun mit »Türkischer Kunst« sowohl Musik, Poesie und Literatur als auch Architektur und dekorative Künste gemeint sind, so gibt es zweifellos eine sehr reichhaltige »Türkische Kunst«.

Falls man sich allerdings auf die Malerei und die Bildhauerei beschränkt, sieht es ganz anders aus, dann hat man es nämlich mit einem sehr begrenzten Umfang an Werken zu tun, die wiederum erst in den letzten beiden Jahrhunderten entstanden sind, unter dem Eindruck der Verwestlichung des Landes und in reichlich deutlicher Nachahmung westlicher Kunst. Der aus der Zeit vor dem 19. Jahrhundert stammende und als »Türkische Kunst« firmierende Reichtum, der im Topkapı-Palast aufbewahrt ist, stammt zu 90 Prozent aus dem Iran bzw. wurde dort in Auftrag gegeben oder von persischen Miniaturmalern in Istanbul hergestellt.

Schon der ersten Generation Intellektueller der Türkischen Republik bereitete der Begriff »Türkische Malerei« Kopfzerbrechen. Der streng konservative und nationalistische Dichter Yahya Kemal (1844–1958), ein großer Bewunderer der osmanischen Zivilisation, prägte den Satz: »Hätten wir über Prosa und über Gemälde verfügt, wäre aus uns eine ganz andere Nation geworden!« (Als Manko empfand er also nicht nur die Beschränkung im Bereich der Malerei, sondern auch, dass neben der reichhaltigen poetischen Diwan-Literatur kaum Prosawerke entstanden.) Aus Yahya Kemals Worten spricht der heimliche Wunsch, man

möge zu einer anderen Nation werden, die Bilder male, und verschämt flüsterte man sich unter Intellektuellen den Begriff der »bilderlosen Nation« zu. In den ersten hundert Jahren der Türkischen Republik versuchte man diese »Bilderlosigkeit« in Vergessenheit geraten zu lassen, indem man etwa im Kunstunterricht (wo statt osmanischer Miniaturen italienische Perspektive gelehrt wurde) und in Schulbüchern mit Falschinformationen aufwartete, und dank einiger weniger unter westlichem Einfluss wirkender türkischer Maler wurde der Begriff tatsächlich vergessen.

Mir fällt dazu eine Anekdote aus meinem Zeichenunterricht in der Mittelschule ein.

1963 verkündete unsere Zeichenlehrerin: »Ihr sucht diese Woche bei euch zu Hause oder in Büchern nach einem türkischen Kunstwerk, das kopiert ihr mir und bringt es mit in die Schule!«

Da wir uns im Zeichenunterricht befanden, waren also nicht etwa Moscheen des Architekten Sinan oder Teppichmotive gemeint. 90 Prozent meiner Mitschüler gaben sich weiter keine Mühe und kopierten aus unserem Geschichtsbuch das Schwarzweißfoto einer (von armenischen Handwerkern gefertigten) Fayence aus Iznik.

Ich dagegen kopierte etwas aus einem Lexikon heraus, und wieder einmal lobte mich die Zeichenlehrerin für die beste Hausaufgabe, nämlich mein Beispiel für »Türkische Kunst«.

»Aus welchem Buch hast du dieses türkische Motiv?«

Es war gar kein türkisches Motiv. Ich hatte aus einem englischen Lexikon aufs Geratewohl ein geometrisches Muster kopiert, war mir doch schon damals zu Ohren gekommen, osmanische Kunst habe viel mit Geometrie zu tun. Als ich meiner Zeichenlehrerin die Wahrheit gestand, wies sie meine Hausaufgabe zurück.

1963 gab es unter den wohlhabenden Schülern unserer Privatschule bei niemandem zu Hause etwas, was als Beispiel für türkische Malerei hätte durchgehen können, ja nicht einmal eine Kopie von dergleichen. Auch in Büchern fand sich nichts, denn Bücher zu dem Thema wurden erst ab Anfang der achtziger Jahre publiziert.

Während bei der Malerei ohnehin gut zur Hälfte das Augenmerk auf dem Umgang mit Farbe liegt, fällt auf, dass es in türkischen Wörterbüchern für Pferde je nach Fellfarbe Dutzende von verschiedenen Bezeichnungen gibt. Kein Wunder, dass einem zum Begriff der traditionellen türkisch-osmanischen Kunst auch eher Pferde in den Sinn kommen als Sultane.

Da die Türken sich wegen des islamischen Bilderverbots und bestimmter technischer Schwierigkeiten ohnehin kaum mit der Porträtkunst befassten, wurden tatsächlich mehr Pferde abgebildet als Sultane. So dürfte es denn auch kein Zufall sein, dass in der geschmackvollen »Türckischen Cammer« in Dresden kein osmanischer Sultan abgebildet ist, dafür aber Pferde und Sättel sowie die Zelte ausgestellt sind, mit denen zu Pferd in den Krieg gezogen wurde.

KURZE NOTIZ ÜBER DEN OSMANISMUS

Der von einem französischen Kunstkritiker geprägte Begriff »Japonismus« bezeichnet das lebhafte Interesse in der zweiten Hälfte des 19. Jahrhunderts an japanischer Kunst. Zweifellos stark beeinflusst vom »Ukiyo-e« genannten Genre waren etwa James McNeill Whistler oder Vincent van Gogh, der japanische Drucke sammelte und Elemente daraus in seinen Bildern ver-   wendete. Immer wie-   der ließen sich sol-   che Künstler

dazu hinreißen, »auf japanische Art« zu malen.

Das Bildnis, das Édouard Manet 1868 von Emile Zola anfertigte, ist zwar ganz im westlichen Porträtstil gehalten, doch um den Schreibtisch des jungen Romanciers herum sind japanische Gravuren und Siebdrucke zu sehen. (Bei meinem Besuch im Zola-Museum im Mai 2023 fand ich jedoch keinen Hinweis auf die Japan-Begeisterung des Autors.)

Ein ähnliches Phänomen ist bei dem Bild *Die Gesandten* (1533) von Hans Holbein dem Jüngeren zu beobachten. Auf dem ganz im westlichen Stil ausgeführten Ölgemälde ist ein Teppich zu sehen, der von Türken gerne voller Stolz als traditioneller Uşak-Teppich identifiziert wird. Ein solcher befindet sich auch auf dem Ölbild *Die Almosen des Hl. Antonius* (1542) von Lorenzo Lotto, der auf mehreren seiner Gemälde osmanische Teppiche verwendete.

Beim Besuch der »Türckischen Cammer« im Dresdner Residenzschloss ist mir einmal mehr bewusst geworden, dass sich auch von einem Osmanismus sprechen lässt, einem Interesse an osmanischer Kunst, wenn auch in geringerem Maße als beim Japonismus. Als zu Beginn des 18. Jahrhunderts die Osmanen auf der europäischen Bühne noch eine politische Rolle spielten, sammelten europäische Aristokraten gerne osmanische Zelte, bestickte Sättel, Schwerter, Helme und geschmückte lederne Feldflaschen oder auch Kopfkissenbezüge mit geometrischen und Blumenmustern, wie ich sie in dieser Vitrine ausgestellt habe. Es handelt sich dabei zumeist um »authentische« osmanische Objekte, die als diplomatische Geschenke nach Europa fanden oder in Istanbul erstanden worden waren. Andere wiederum wurden in Italien oder andernorts von europäischen Manufakturen hergestellt, die damit jenen unter Aristokraten verbreiteten »Osmanismus« bedienten. Gäbe es eine gut dokumentierte Abhandlung über jene von osmanischen Fantasien inspirierten europäischen Produkte, ließe sich daraus ablesen, wie sich im Lauf der Zeit das Image der Türken im Westen gewandelt hat. Es sollte sich mal jemand in einer Doktorarbeit dieses Themas annehmen!

Ein kurzer Besuch in der »Türckischen Kammer« veranlasst zu dem Gedanken, dass der Begriff »Osmanismus« zunächst noch im Lichte der furchterregenden osmanischen Streitmacht im 16., 17. und 18. Jahrhundert erstrahlte und mit Reichtum und Siegen in Verbindung gebracht wurde. Im Zuge des militärischen und wirtschaftlichen Niedergangs des osmanischen Reichs im 19. Jahrhundert verwiesen die in Europa für Sammler hergestellten Objekte jedoch allmählich immer mehr auf die merkwürdig träge, im negativen Sinne »orientalische« Seite jener Kultur. So wie die osmanistische türkische Figur aus dem 19. Jahrhundert, die ich in dieser Vitrine in einem osmanischen Zelt aufgestellt habe! Den stolz im Schneidersitz hockenden osmanischen Efendi können wir nur noch als altmodisch und lächerlich empfinden. Die kleinen osmanischen Soldaten, die ich in der Vitrine »Israfils Horn«

Kissenbezug, Bursa, um 1600, Samt, Gold gebürstet, 101 × 59 cm, Rüstkammer, SKD, Inv.-Nr. Y 0591

Militärmusik blasen lasse, sind stellvertretend für den Übergang der Osmanen als Vertreter einer furchteinflößenden Macht zu lediglich als »putzig« empfundenen Zeitgenossen. Heutzutage wird der Begriff »Osmanismus« insbesondere von europäischen Journalisten in einem ganz anderen Zusammenhang verwendet. Während mit »Japanismus« die weltweite Verbreitung der japanischen Kultur im 19. Jahrhundert gemeint ist, hat der »Osmanismus« heute leider nur noch eine politische, mit Kunst in keinerlei Zusammenhang stehende Bedeutung und bezieht sich auf den verwegenen Traum, die europäischen Gebiete, die einst in der Hand der Osmanen waren, könnten im 21. Jahrhundert von den im Vergleich dazu ärmeren und erfolgloseren Türken dennoch wiedererlangt werden …

Ich, der Seiltänzer, 2023,
verschiedene Materialien, 55,2 × 43,4 × 50 cm

Die erste Abhandlung über »Türkische Malerei« oder genauer gesagt »Türkische Miniaturen« erschien 1965 auf Englisch. Sie umfasste nicht mehr als 52 Seiten, wurde von der UNESCO finanziert, und, da man in der Türkei kein besonderes Interesse dafür aufbrachte, nicht einmal ins Türkische übersetzt. Als Einstieg in sein Vorwort schrieb der Autor Richard Ettinghausen, der anscheinend viel Zeit in der Bibliothek des Topkapı-Palasts verbracht hatte, jener Kunst gelte bisher im Westen keinerlei Aufmerksamkeit. Auch in der Türkei selbst wurden damals osmanische Miniaturen nicht weiter beachtet, und wo doch, so kam man nicht auf den Gedanken, sie im Herzen »türkischer Kunst« zu verorten.

Ettinghausen verwies ferner darauf, dass das, was man in der Welt unter »Türkischer Kunst« verstehe, im Wesentlichen die ab dem 14. Jahrhundert weltweit Verbreitung findenden Teppiche, Fayencen und Teller aus Iznik und die Istanbuler Moscheen umfasse. Ich besitze zwei Ausgaben seines Buches, die eine bekam ich 1965 von meinem Vater, die andere ist vom Verfasser für den damaligen

Leiter des Topkapı-Palasts Kemal Çiğ signiert. Auf dem Einband ist eine lebhafte Szene aus dem *Surname-i Vehbi* mit Narren, Musikanten und Tänzern abgebildet. Für mich ist das Buch von ganz besonderer Bedeutung. Dreißig Jahre, bevor ich mit *Rot ist mein Name* einen fünfhundert Seiten umfassenden Roman über osmanische und iranische Miniaturen schreiben sollte, geriet mir zum ersten Mal ein Buch über osmanische Miniaturen mit farbigen Abbildungen in die Hände. Hunderte von Malen blätterte ich es durch, und von manchen Miniaturen fertigte ich mit der Rastermethode vergrößerte Kopien an, die ich dann farbig ausmalte.

Gleich dem »Kıyafetname« war das »Surname« eine spezielle Publikationsform im Osmanischen Reich. Darin wurden die Feierlichkeiten dokumentiert, die im Palast abgehalten wurden, wenn etwa eine Sultanstochter geboren wurde oder heiratete oder ein Sultanssohn beschnitten wurde. Das von Kalligrafen in vielen Ausgaben vervielfältigte »Surname-i Vehbi« ist eine Chronik der im Jahre 1720 zwei Wochen lang andauernden

Feier zur Beschneidung der vier Söhne von Sultan Ahmed III. In der Bibliothek des Palastmuseums befindet sich unter der Inventarnummer 3593 eine Kopie des vom bedeutendsten osmanischen Miniaturmaler Levni (gest. 1732) geschaffenen Buches mit seinen 137 herrlich illuminierten Doppelseiten, das meines Erachtens das bedeutendste Werk der osmanischen Malerei darstellt.

Bei solchen Festlichkeiten sah der Sultan vom Balkon des heutigen Museums für türkische und islamische Kunst aus Mitglieder sämtlicher Zünfte an sich vorbeidefilieren. Zelte wurden aufgestellt, vom Barbier bis zum Teppichknüpfer demonstrierten Handwerker auf fahrenden Wagen ihre Künste, es gab Feuerwerke, ausländische Gesandte waren geladen, es wurde gegessen, als Frauen verkleidete Männer tanzten, der Sultan warf Goldmünzen unters Volk, Militärmusik wurde gespielt und Seiltänzer zeigten gewagte Nummern.

Den Seiltänzer in dieser Vitrine habe ich ebenjenem »Surname« entnommen und in die Komposition hineingestellt, der chinesische Hund entstammt der Dresdner Porzellansammlung, den weißen westlichen

Sitzender Hund (aus der Kollektion Augusts des Starken im Japanischen Palais), China, Dehua, ca. 1690–1720, Porzellansammlung, Staatliche Kunstsammlungen Dresden

Hund habe ich inspiriert von Joannes Fijts und Erasmus Quellinus' Gemälde *Hund, kleinwüchsiger Mann und Junge* von der talentierten Künstlerin Başak Bugay anfertigen lassen. Um nicht zwischen den von zwei Hunden repräsentierten unterschiedlichen Kunstauffassungen des Westens und des Ostens in die Tiefe zu stürzen, muss der Seiltänzer mit einer Stange namens ROMANKUNST das Gleichgewicht halten und ständig zwischen den beiden Welten hin- und herlaufen. Das ist meine Auffassung von Kunst und Literatur! Vom Schriftsteller / Maler, der sein eigenes Werk kommentiert, sei hier hinzugefügt, dass der größte traditionelle »türkische Maler« Levnî (um 1680–1732) nicht nur Maler, sondern auch Dichter war.

Joannes Fijt, *Hund, kleinwüchsiger Mann und Junge*, 1652, Öl auf Leinwand, 138 × 203 cm, Gemäldegalerie Alte Meister, Staatliche Kunstsammlungen Dresden, Gal.-Nr. 1211

ÖLÜMÜNÜZ ÜZERİNDEN YÜZ ON YIL, ZINDIK OCAĞI, ŞEYTAN YUVASI TEKKELERİMİZİN, [...]
BİLE MÜMKÜN DEĞİL VE ZATEN ACEM YANLISI, DİYE KAPATILMASI ÜZERİNDEN BİR KIRK [...]
GEÇTİ, AMA BAKIN KARŞINIZDAYIZ. NİYE? ÇÜNKÜ FRENK TARZINDA RESMEDİLDİK [...]
ONDAN! BU VİTRİNDE GÖRÜLDÜĞÜ GİBİ, BİR GÜN BİZ İKİ ABDAL PADİŞAHIMIN MEMLEKETİ [...]
BİR ŞEHİRDEN DİĞERİNE YÜRÜYORDUK, YALINAYAK, BAŞI KABAK, YARI ÇIPLAK, ÜZERİMİZDE B [...]
YELEKLE, GEYİK POSTU, BELİMİZDE BİRER KEMER, ELİMİZDE UCU KIVRIK SOPAMIZ, BİR DE BİRİMİZDE Ç [...]
KESECEK BALTA, ÖBÜRÜMÜZDE DE KEŞKÜLÜMÜZE ALLAH NE VERİRSE GİRDİĞİNDE YEMEK İÇİN K [...]

Wir zwei Wanderderwische, 2023,
verschiedene Materialien, 38,7 × 66,9 × 50 cm

Seit unserem Tod sind hundert-
zehn Jahre vergangen, und seit
der Schließung unseres Derwisch-
ordens vierzig Jahre. Angeblich
waren wir ein unverbesserliches
Ketzer- und Teufelsnest im Dienste
der Perser, aber dennoch haben
Sie uns vor sich. Und warum?
Weil wir auf europäische Weise
gemalt worden sind! Wie in dieser
Vitrine zu sehen, zogen wir zwei
Derwische im Land unseres Sultans
von Stadt zu Stadt. Barfuß, mit
geschorenem Kopf, halbnackt,
eine Weste aus Hirschhaut auf
dem Leib, einen Gürtel um die Taille,
einen zugespitzten Stock in der
Hand, und der eine von uns trägt
eine Holzfälleraxt, der andere einen
Löffel, mit dem wir essen, was
Gott uns zukommen lässt.

Einhundertzehn Jahre sind seit unserem
Hinscheiden vergangen, und die Häuser der
Derwische wurden vor vierzig Jahren ge-
schlossen, weil es hieß, sie seien Herde der
Ketzerei und Teufelsnester, wir seien unver-
besserlich und sowieso Anhänger der Perser,
und dennoch, seht, hier sind wir, vor euch!
Warum? Weil wir im fränkischen Stil gemalt
wurden, darum! Wie auf diesem Bild zu sehen
ist, sind wir beiden Gottesnarren einst in
den Ländern unseres Sultans von einer Stadt
zur anderen gewandert.

Mit bloßen Füßen, kahl geschorenen
Köpfen, halbnackt, mit einer Weste und einem
Rehfell bekleidet und eine Schärpe um die
Mitte gebunden, unsere Krummstäbe in der
Hand, unsere Bettelschüsseln an einer Kette
um den Hals – so trug einer von uns die Axt
zum Holzhacken und der andere den Löffel für
das, was Allah unserer Schüssel als Nahrung
zuteilwerden ließ.

Nun hatten wir uns, mein guter Freund,
Geliebter und Bruder und ich, am Brunnen vor
einer Herberge in die üblichen Händel ver-
strickt: Wer von uns zuerst den Löffel nehmen
und essen sollte, nein, erst ich, nein, erst du,
hieß es, als wir von einem seltsamen Mann,
einem fränkischen Reisenden, unterbrochen
wurden, der uns beiden je eine venezia-
nische Silbermünze gab und unser Bild zu
zeichnen begann.

Ein Franke war er, seltsam fremd: Er
bildete uns in halbnacktem Zustand ab und
setzte uns genau in die Mitte des Blatts, als
seien wir das Zelt unseres Padischahs, als ich
meinem Weggefährten mitteilte, was mir
gerade eingefallen war: Das heißt, um wahrhaftig wie bettelarme Kalenderi-Derwische
zu erscheinen, rollten wir unsere Pupillen
nach innen, ließen nur das Weiße des Auges
sehen und schauten wie blind vor uns hin.
In dieser Lage betrachtet ein Derwisch nicht
die äußere Welt, sondern die in seinem
Innern, und da wir Haschisch im Kopf hatten,
war die innere Ansicht weitaus angenehmer.

Die Ansicht draußen dagegen war unterdessen noch schlechter geworden, denn wir
hörten das empörte Geschrei eines Hodscha
Efendi.

Um Himmels willen, jetzt kein Missver-
ständnis! Wenn wir Hodscha Efendi sagten,
hat man uns vor einer Woche in diesem feinen
Kaffeehaus falsch verstanden, weil dieser
Hodscha Efendi keineswegs der hochwürdige
Prediger Nusret Hodscha aus Erzurum ist,
auch nicht der Husret Hodscha mit unbekann-

Jan Vermeer van Haarlem, *Blick von den Dünen auf die holländische Ebene*,
um 1670/90, Öl auf Eichenholz, 33 × 63 cm, Gemäldegalerie Alte Meister,
Staatliche Kunstsammlungen Dresden,
Gal.-Nr. 1388 A

tem Vater oder der Hodscha aus Sivas, der es auf dem Baum mit dem Teufel trieb. Denn jene, die alles zum Schlechten deuten, sollen gesagt haben, sie würden, falls der Meddah hier noch einmal dem hochwürdigen Hodscha Efendi die Zunge zeige, ihm die seine herausschneiden und das Kaffeehaus über ihm zusammenschlagen.

Obwohl es vor hundertzwanzig Jahren noch keinen Kaffee gab, schnaubte auch der Hodscha Efendi unserer Geschichte vor Wut.

»Warum bildest du sie ab, du ungläubiger Franke?«, wollte er wissen. »Diese elenden Kalenderi, die stehlend und bettelnd herumlaufen, sie nehmen Haschisch, trinken Wein, beschlafen einander. Wie man es an ihrem halbnackten Zustand sehen kann, sind sie der Abschaum der Welt und wissen nichts vom Gebet, von Haus und Familie oder Heimat. Warum malst du, wo es doch in unserem Land so viel Schönes gibt, dieses Bild der Schande? Willst du, dass es uns Schande bringe?«

»Nein, nur deshalb, weil ein Bild eurer schlechten Zustände mehr Geld bringt«, erklärte

der Ungläubige, und wir beiden Gottesnarren staunten über die Verstandeskraft dieses Malers.

»Würdest du auch den Teufel in gutem Licht erscheinen lassen, wenn es mehr Geld bringt?«, fragte der Hodscha Efendi schlau und versuchte, ein Streitgespräch anzufangen, doch der fränkische Maler ging nicht darauf ein, er war, wie man aus diesem Bild ersehen kann, ein wahrer Künstler, der sich nicht mit leerem Geschwätz, sondern nur mit seinem Werk und dem Gewinn daraus beschäftigte.

So malte er unser Bild, legte es in die Ledermappe hinter dem Sattel seines Pferdes und kehrte zurück in seine ungläubige Heimat. Doch weil des Osmanen siegreiches Heer jene Stadt am Ufer der Donau eroberte und plünderte, kamen wir, siehe da, nach Istanbul zurück und landeten in der Schatzkammer. Von dort aus wanderten wir, immer wieder betrachtet und kopiert, von diesem und jenem heimlichen Musterheft in dieses und jenes Buch und kamen schließlich in das fröhliche Kaffeehaus hier, wo der Kaffee als ein belebendes Elixier getrunken wird. Nun denn:

EINE KURZE ABHANDLUNG ÜBER DAS BILD, DEN TOD UND UNSEREN PLATZ IN DER WELT

Jener Hodscha Efendi, von dem wir eben sprachen, hat an einer Stelle des dicken Buches, in dem er alle seine Predigten aufschrieb, zu äußern geruht: Die Kalenderi-Derwische sind überflüssig auf der Welt, denn die Menschen der Welt werden in vier Kategorien eingeteilt: 1. Herren, 2. Kaufleute, 3. Bauern, 4. Künstler. Sie sind in keiner vertreten und daher überflüssig.

Weiterhin äußerte er noch: »Sie wandern zu Paaren umher und streiten sich ständig darum, wer von ihnen mit dem einzigen Löffel, den sie besitzen, zuerst aus der

Schüssel essen wird, doch wer nicht weiß, dass dies nur eine listige Anspielung auf ihre eigentliche Streitfrage ist, nämlich, wer wen zuerst beschlafen wird, der lacht darüber, ohne es richtig zu verstehen.« Der hochwürdige Um-Himmels-willen-kein-Missverständnis-Hodscha hat unser Geheimnis entziffert, weil er wie wir und alle schönen Knaben und Lehrlinge und die Gemeinschaft der Illustratoren unser Weggenosse auf dem gleichen Pfad ist.

Wir zwei Wanderderwische

aber liegt darin: Der ungläubige Franke schaute uns so freundlich und eingehend an, während er unser Bild malte, dass wir ihn mochten und Gefallen daran fanden, von ihm abgebildet zu werden. Er machte einen Fehler, als er die Welt mit bloßem Auge betrachtete und malte, was er sah, denn auf diese Weise zeichnete er uns wie Blinde, obwohl wir sehen können, doch es machte uns nichts aus. Jetzt sind wir sehr zufrieden. Dem Hodscha Efendi nach sind wir in der Hölle, einige Nichtgläubige meinen, wir sind verrottete Leichen, und ihr, die kluge, hier versammelte Gemeinschaft der Illustratoren, ihr meint, wir sind ein Bild, und weil wir ein Bild sind, stehen wir hier vor euch, als seien wir ganz munter und lebendig. Nach unserer Begegnung mit dem erwähnten Hodscha waren wir auf dem Weg von Konya nach Sivas, übernachteten dreimal und bettelten in acht Dörfern. Dann aber folgte eine so bitterkalte Nacht mit dichtem Schneefall, dass wir beiden Gottesnarren uns umarmten, einschliefen und erfroren. Kurz vor dem Sterben erblickte ich im Traum ein Bild, das man von mir gemalt hatte, und sah, dass dieses, mein Abbild, nach einem Dasein von Jahrtausenden ins Paradies einging.

Rot ist mein Name, S. 253

Das Mädchen auf der Schaukel, 2023,
verschiedene Materialien, 70,2 × 82,5 × 50 cm

Die Quelle des glücklichen Mädchens auf der Schaukel ist eine im 19. Jahrhundert unter der Dynastie der Kadscharen entstandene Miniatur. Die kadscharischen Miniaturen sind der Begegnung iranischer Miniaturen mit westlicher Kunst entwachsen und wirken vielleicht gerade deshalb im Vergleich zu den früheren safawidischen oder Herat-Miniaturen kindlicher und naiver, was wohl daran liegt, dass die kadscharischen Künstler einerseits unter westlichem Einfluss ihre Meisterschaft im alten Stil allmählich aufgaben und sich an westliche Themen wie Perspektive und Porträt heranwagten, andererseits die westliche Technik aber noch nicht hinreichend beherrschten. Jene kindhafte Mangelhaftigkeit ist aber keine eigentliche Schwäche, denn es hat sich daraus ein ganz eigener, beeindruckender Stil entwickelt. Bei einigen übersetzten Ausgaben meines Romans *Rot ist mein Name* prangt auf dem Cover eine schöne kadscharische Miniatur, und ich hätte sagen können, »Was soll das, diese Miniaturen (und eigentlich sind es gar keine Miniaturen) sind 200 bis 250 Jahre später entstanden als die in meinem Roman, die will ich nicht haben!«, aber das tat ich nicht. Die kadscharische Malkunst hat etwas so ansprechend Melancholisches an sich, dass ich zu der anachronistischen Miniatur, die das Cover ziert, durchaus stehe.

In dieser dadaistischen Collage geht meines Erachtens wiederum der farbenfrohe, fröhliche Garten der zwischen Barock und Rokoko angesiedelten *Fêtes galantes* Antoine Watteaus (1684–1721) mit der kadscharischen Melancholie eine schöne Harmonie ein. Zu diesem Eindruck trägt bei, dass das glücklich lächelnde Mädchen auf der Schaukel mit seiner neuen Umgebung zufrieden zu sein scheint. Ähnlich zuversichtlich habe ich auf die von Watteau mit der Geduld eines islamischen Miniaturmalers eingefärbten Blätter geschrieben, was mir zum Thema Landpartie und Liebe gerade so einfiel.

unutma
Bir gün bütün
bu olem
bitecek

Die Kadscharen waren große Künstler. Wer heute in einer beliebigen Stadt im Iran in einem Souvenirladen neben den Kopien von safawidischen und Herat-Miniaturen (Herat liegt heute in Afghanistan) vor allen Dingen kadscharische Werke antrifft, insbesondere lackierte Stiftetuis, und zwar die Imitationen von Imitationen, der wird feststellen, dass sogar die noch schön sind. Auch der bedeutendste Autor der modernen iranischen Literatur, Sadegh Hedayat (1903–1951), war Kadschare. In seinem von Kafka und Rilke beeinflussten Meisterwerk *Die blinde Eule* ist der Protagonist ein moderner, namensloser Iraner, der lackierte Stiftetuis anfertigt und von wahnhaften Vorstellungen geplagt wird, in denen seine verlorene Geliebte, eine schemenhafte Eule und der Tod dominieren.

Zübdet-ül Tevarih (Der Rahm der Geschichten) aus dem Jahre 1583 ist unter den relativ wenigen in Istanbul selbst angefertigten illuminierten Manuskripten eines der interessantesten. Im Gegensatz zu den meisten aufwendig hergestellten Manuskripten wird es nicht im Museum des Topkapı-Palasts aufbewahrt, sondern im Museum für türkische und islamische Kunst am Sultanahmet-Platz. Einige Bilder daraus gehören zu den in türkischen Büchern und Zeitschriften am meisten abgebildeten osmanischen Miniaturen. Ich habe eine Vorliebe für dieses Werk im Format 64,7 × 41,3 cm, auf dessen erster Seite großflächig, geradezu über den geschmückten Rahmen hinausragend, der Himmel und die Erde dargestellt sind, das ganze Universum, von gütigen Engeln getragen.

Das von einer größeren Anzahl an Künstlern angefertigte Werk wurde dem Sultan Murat III. (einem Enkel von Sultan Süleyman dem Prächtigen) überreicht, der, wie in meinem Roman *Rot ist mein Name* geschildert, für die Kunst und insbesondere für Miniaturen sehr viel übrighatte.

Das Osmanische Reich hatte damals seine größte Ausdehnung erreicht und war auf dem Höhepunkt seiner wirtschaftlichen und militärischen Macht, und in der Darstellung in jenem Buch kommt auf naive Weise das Selbstvertrauen zur Geltung, sich im Zentrum des Weltgeschehens zu wähnen. Nach dem Überblick über die Sterne, die Sternzeichen, das Universum werden wir in schlichten und doch poetischen Texten, über die wir heute leicht schmunzeln, mit der Geschichte der Religion und der Propheten vertraut gemacht. Als da wären Adam und Eva und die

Zwillinge, die Eva jeweils zur Welt brachte und die dann untereinander heirateten, die Arche Noah, deren Mast in einem Sturm ganz schief steht, der heilige Abraham, der seinen Sohn Ismail opfern will, und der Engel, der ihm stattdessen einen Schafbock bringt, Jesu Himmelfahrt, Mohammed (mit verdecktem Gesicht) zwischen den Engeln, danach der Übergang zu den einzelnen osmanischen Sultanen und ihrer Geschichte. Den Abschluss des von dreizehn Miniaturmalern, sechs Kalligrafen und vier Buchbindern gestalteten Werks bilden die von Murat III. errungenen Siege.

Da diese Vitrine mit der Darstellung von Himmel, Erde und Sternzeichen mich an die Märchenwelt meiner Kindheit erinnert, hat sie für mich einen besonderen Stellenwert. In meiner Kindheit schilderten mir meine beiden Großmütter und die größtenteils recht ungebildeten Hausangestellten nämlich das Universum in etwa so, wie es auf diesen Miniaturen abgebildet ist: Da waren zum einen am unendlich blauen oder nachtdunklen Himmel der Mond und die Sterne und fremde, bunte Welten, und zum anderen zwischen jenen fernen Dingen auch die vertrauten Namen von Sternbildern und seltsamen, aus Märchen entsprungenen Wesen. Diese Geschöpfe, wie sie in jenen Miniaturen zu finden sind und ich sie auch aus den Heftchen meiner Kindheit kannte, lebten jenseits des unmittelbaren Himmels, zwischen den Sternen, die wir in Sommernächten glitzern sehen. Über Astronomie und Sternenkonstellationen Bescheid zu wissen bedeutete also, die seltsamen Wesen und ihre Arten und Unarten kennenzulernen. Murat III., der das Manuskript und damit auch die astrologische Himmelskarte in Auftrag gegeben hatte, ließ 1571 eine Sternwarte gründen, und zwar im Viertel Tophane, von wo es gerade

mal drei Minuten Fußweg zum Museum der Unschuld sind. Dass der Leiter der Sternwarte Takiyüddin Efendi zugleich auch Hofastrologe war, mag auf uns moderne Menschen, die wir doch eher an die Astronomie herangeführt werden, ein wenig enttäuschend wirken. Darum, wie nah oder fern Astronomie und Astrologie einander stehen und wie die aus der Renaissance hervorgegangene moderne Wissenschaftsauffassung sich mit dem naiven Glauben an vorwissenschaftliche Erkenntnissätze reibt und dies zu menschlichen Dramen führen kann, geht es in meinem kurzen Roman *Die weiße Festung*.

Da ich mich auch 38 Jahre nach dessen Erscheinen noch für solche Themen interessiere, war ich höchst erfreut, im Mathematisch-Physikalischen Salon des Dresdner Zwingers auf eine Himmelskarte aus dem Werk *Über die Umschwünge der himmlischen Kreise* zu stoßen, in dem

Kopernikus die Sonne ins Zentrum des Geschehens stellte. Nunmehr die Karte von Kopernikus und die aus dem Zübdet-ül Tevarih hintereinander aufzustellen, ist nicht nur als dadaistische Collage gedacht, sondern entspricht auch meinem Empfinden. Im selben Museum werden über eine Reihe von Figuren die Völker der Welt dargestellt, und das gemahnt sowohl an die türkischen »Kıyafetname« als auch an die Art, in der auf der osmanischen Himmelskarte die Geschöpfe möglichst exotisch wirken sollen.

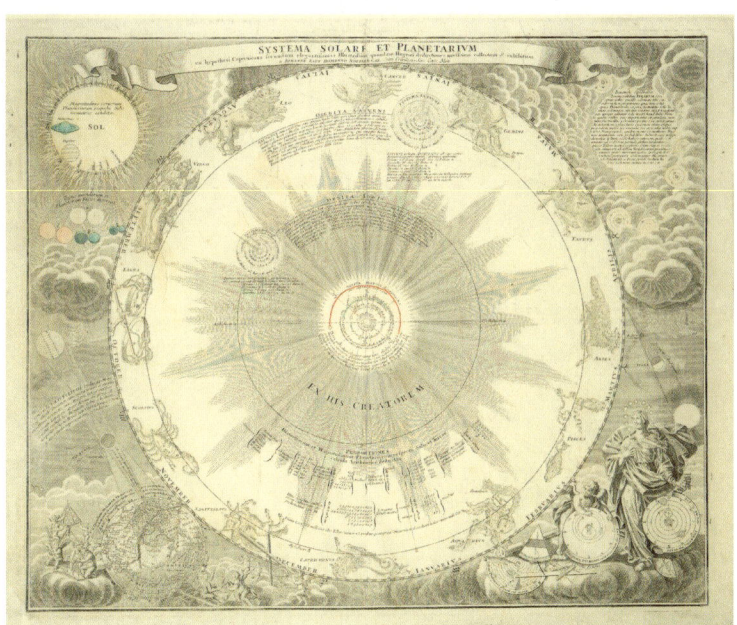

Systema Solare et Planetarium: ex hypothesi Copernicana secundum elegantissimas Illustrissimi quondam Hugenii deductiones / novissime collectum & exhibitum â Iohanne Bapt. Homanno, Johann Baptiste Homann, Nürnberg, ca. 1716, Kupferstich, koloriert, 62,5 × 52,1 cm, Mathematisch-Physikalischer Salon, Staatliche Kunstsammlungen Dresden, Inv. G I 158

Leporelloheft für einen Taschenerdglobus mit Darstellungen von 32 Volksgruppen in ihren regionalen Trachten, Anonym, Nürnberg (?), ca. 1830, Holz, kolorierte Kupferstichsegmente, Pappetui mit grünem Papier bezogen, Mathematisch-Physikalischer Salon, Staatliche Kunstsammlungen Dresden, Inv. E I 46

DER TROST DER DINGE

Teil III
Münchner Notizen

Erzengel, 2024,
verschiedene Materialien, 107 × 69,7 × 45,5 cm

Bevor ich darauf eingehe, warum und wie in den Garten Paul Klees islamischer Hurufismus gelangt ist, erst ein paar Bemerkungen zum Thema ›Klee und die Engel‹. Kenner wissen, dass Klee sein ganzes Malerleben über immer wieder auf Engel Bezug genommen oder auch direkt welche auf seine ganz spezifische Art gemalt hat, und so ziemlich jedermann dürfte schon einmal Klees berühmtestes Engelbild *Angelus Novus* gesehen haben. Walter Benjamin, der das Bild eine Zeit lang besaß, nannte die zurückweichende Gestalt in einer Schrift, die großen Einfluss auf marxistische Kultur- und Geschichtstheoretiker ausübte, den »Engel der Geschichte«.

Die Ironie des *Angelus Novus* herrschte schon in früheren Arbeiten Klees vor, die auf Engel anspielten. Von der Lithografie *Ein Genius serviert ein kleines Frühstück* aus dem Jahr 1920 über den 1934 entstandenen *Schöpfer* bis hin zum *Angelus Dubiosus* von 1939 finden sich bei Klee immer wieder Werke, in denen er mit zartem Humor auf religiöse Themen eingeht. Der für Klee verhältnismäßig große (100 × 65 cm) *Erzengel* aus dem Jahr 1938, der im Lenbachhaus ausgestellt ist, deutet an, dass der Maler an das Thema auch in düsterer Manier heranging. Von 1935 an litt er an Sklerodermie und schuf in dieser Zeit bis zu seinem Tod 1940 noch mehrere Engelsdarstellungen.

Darüber, welche Details am *Erzengel* tatsächlich auf einen Engel verweisen, herrscht unter Kunsthistorikern keine Einigkeit. Drei Autoren, die ich gelesen habe, erkennen in den Strichen und Farben ein Gesicht, und zwar Mark Luprecht in *Of Angels, Things, and Death*, Gert Schiff in einem *Artforum*-Artikel namens »Klee's Array of Angels« und Boris Friedewald in seinem Büchlein *Die Engel von Paul Klee*. Dass sich das Gesicht aus arabischen Buchstaben zusammensetzt, finden anscheinend nur Friedewald und ich, dabei erinnern die schwarzen Striche auf dem Bild doch sehr daran.

Für mich ergibt sich diese Verknüpfung allein schon aus den Bildern, die Klee unter dem Einfluss seiner Tunesienreise 1914 schuf. Jahrelang suchte ich jeden Freitagabend das Metropolitan Museum in New York auf, und als ich dort die Klee-Bilder der Sammlung Berggruen sah, las ich daraufhin das Reisetagebuch des Malers. In der Stadt Hammamet in der Nähe von Tunis zeichnete er auf einem Friedhof (leider habe ich jene Werke nicht ausfindig machen können). Ich stelle mir vor, es mag Klee mit den arabischen Buchstaben ergangen sein wie mir in meiner Kindheit, als mir ein muslimischer Friedhof wie ein mit arabischen Buchstaben gezeichneter Wald erschien.

Paul Klee, *Erzengel*, 1938, 82 (G 2),
Öl, Kleister auf Baumwolle, auf Jute, auf
Keilrahmen, 100 × 65 cm, Städtische Galerie
im Lenbachhaus und Kunstbau München,
Dauerleihgabe der Gabriele Münter-
und Johannes Eichner-Stiftung, München,
Inv.-Nr. AK 9

In meinem Roman *Das schwarze Buch* gehe ich auf die Lehre des Hurufismus ein, die sich auch der Derwischorden der Bektaschi zu eigen gemacht hat. Der Hurufismus schreibt den Buchstaben eine zweite, geheime Bedeutung zu und lässt aus ihnen menschliche Gesichter und Gestalten entstehen. Hier ein Zitat aus dem Buch: »Er nahm einen Karton aus dem Flurschrank, den Celâl mit Büchern, Abhandlungen, Zeitungs- und Zeitschriftenausschnitten und Tausenden von Fotos angefüllt hatte, die sich alle auf das Hurufismus genannte Deuten von Schriftzeichen bezogen, und machte sich an die Arbeit. Er sah Gesichter aus arabischen Buchstaben, die Augen aus vav und ayin, die Augenbrauen aus ze und ri, die Nasen aus dem elif gebildet, und Celâl hatte, akkurat wie der eifrige Schüler beim Lernen des alten Alphabets, die Buchstaben einzeln markiert. Er sah weinende Augen in einem lithografierten Band, aus vav und cim geformt, und der Punkt unter dem cim war eine die Seite hinuntertropfende Träne. Er sah auf einem alten, unretouchierten Schwarzweißfoto, wie leicht man die gleichen Buchstaben von den Brauen, den Augen, der Nase und den Lippen ablesen konnte und dass Celâl unter das Bild in klar leserlicher Schrift den Namen eines Bektaşi-Şeyhs gesetzt hatte.«

Als religiöse Bewegung spielt der Hurufismus heute keine Bedeutung mehr, nur noch Literatur- und Kunsthistoriker interessieren sich dafür. Doch türkische Intellektuelle bezeichnen gerne jemanden als Hurufismus-Anhänger, der in etwas zu viel hineindeutet. Wenn etwa ein Staatsanwalt einen links angehauchten Text unbedingt als kommunistische Propaganda lesen will und sich darauf versteift, »mit diesem Wort hier« könne man das eindeutig belegen, kann man ihm nachsagen, er betreibe Hurufismus.

Über den Hurufismus, der Anklänge an die persische Kultur (und manchen zufolge auch an die Kabbala) in sich trägt, und über seine Auswirkungen in der osmanischen Gesellschaft gibt es ein ausgezeichnetes Werk namens *Religiöse Darstellungen bei den Türken*, das der Forscher, Sammler und Maler Malik Aksel 1967 veröffentlichte. Es inspirierte mich sowohl beim Verfassen des *Schwarzen Buches* von 1986 bis 1990 als auch beim Kreieren neuer Werke im »Zwiegespräch« mit Klees Bildern im Lenbachhaus. Beim Schreiben bringt es meine Fantasie in Schwung, wenn ich schwer verständliche Texte wie die Hurufismus-Schriften lese und dabei der ihnen innewohnenden Poesie auf die Spur zu kommen versuche.

Aksel schreibt, Gott habe dem Engel befohlen, die Form Adams zu gestalten. Der Engel habe erwidert: »Aber Herr, du hast doch nie einen Menschen erschaffen, der mir als Vorbild dienen könnte!« Da habe Gott dem Engel aufgetragen, er solle sich in die Buchstaben vertiefen und daraus einen Menschen formen. Ratlos habe der Engel zum Himmel emporgeblickt und dort schließlich die Buchstaben entdeckt.

Was nach klassischem Hurufismus-Verständnis eine religiöse Handlung ist, nämlich aus Buchstaben ein Bild zu formen, gilt uns heute auch als Kunst. Selbstverständlich sind in all diesen Texten arabische Buchstaben gemeint. Von der Künstlerin Başak Bugay stammt der liebliche Erzengel aus Keramik und Porzellan (mir gefallen insbesondere der Gesichtsausdruck und die Füße), der sich bemüht, Gottes Befehl zu befolgen, und das aus Buchstaben gefertigte heilige Bild trägt. Als Inspirationsquelle für diesen Engel dienten iranische Miniaturen aus dem 16. Jahrhundert.

Der vollkommene Mensch, 2024,
verschiedene Materialien, 41,5 × 31,8 × 30,7 cm

Zwei weitere Bilder Paul Klees im Lenbachhaus erinnerten mich an das Vergnügen, aus Buchstaben Bilder zu gestalten, das ich im *Schwarzen Buch* in eine kriminelle Handlung eingebettet habe: Das 1921 geschaffene Bild *Waldbeere* erinnert mich an das von den Hurufisten häufig verwendete, aus Buchstaben geformte Bild von Adam als dem »vollkommenen Menschen«. Und im Gemälde *Kakteen* aus dem Jahr 1912 wiederum sehe ich einen Garten, in dem ich in Raum und Zeit mit arabischen Buchstaben gestaltete Vögel und eine Birne platzierte.

Paul Klee, *Waldbeere*, 1921, 92, Aquarell, Bleistift auf Papier, zerschnitten und neu kombiniert, Gouache, Feder eingefasst auf Karton, unten ca. 1 cm breiter Streifen von Klee angestückt, 35,7 × 27 cm, Städtische Galerie im Lenbachhaus und Kunstbau München, Inv.-Nr. G 15694

Im Garten Paul Klees, 2024,
verschiedene Materialien, 60,6 × 45 × 30,8 cm

Die Hauptfigur im *Schwarzen Buch*, der Journalist Celâl Salik, sendet den Lesern, die sich auf die Geheimnisse des Hurufismus verstehen, geheime Botschaften. Zur Tragödie für den modernen türkischen Hurufismus und die Kultur der religiösen Darstellungen wurde 1928 die Schriftreform Atatürks, die auf einen Schlag dem Staat und der gesamten Bevölkerung eine Umstellung vom arabischen zum lateinischen Alphabet auferlegte. Die kulturellen Reformen Atatürks leisteten einer Malerei nach westlichem Modell Vorschub, während die traditionelle religiöse Bildergestaltung und die auf arabischen Buchstaben basierende Kunst der Kalligrafen in den Hintergrund rückte.

Paul Klee, *Kakteen*, um 1912, Öl auf Pappe, 52 × 41,5 cm, Städtische Galerie im Lenbachhaus und Kunstbau München, Inv.-Nr. G 12840

Wer aus mir herauskommt, 2024,
verschiedene Materialien, 65,5 × 81,7 × 50 cm

Alfred Kubin gilt in erster Linie als Grafiker, doch er hat auch einen Roman verfasst. Über mich könnte ich in umgekehrter Symmetrie das Gleiche sagen: In erster Linie bin ich Schriftsteller, doch immer wieder packt es mich und ich male.

Mich interessieren seit jeher die Verknüpfungen, die sich zwischen den Romanen und den Bildern eines Schriftstellers bzw. zwischen den Bildern und den Romanen eines bildenden Künstlers herstellen lassen, und sei es auch nur als geistige Fingerübung. Werfen wir zum Einstieg in das Thema einen Blick in das dritte Kapitel von Kubins Roman *Die andere Seite*, dessen Protagonist ein Münchner Zeichner ist.

»Im Grunde kann kein Mensch über sein Temperament hinweg, es wird immer seine Lebensäußerungen bestimmen. Bei dem meinigen, einem ausgesprochen melancholischen, lagen Lust und Unlust ganz nahe beieinander. Seit jeher unterlag ich unvermittelt meist den stärksten Gefühlsschwankungen.«

Diese Aussage von Kubins Romanheld ließe sich auch auf den Autor selbst und seine Bilder übertragen. Der 1908 entstandene Roman ist eine Fantasie, mit der Kubin wohl weniger jene Melancholie darstellen als sich vielmehr von ihrer Auswirkung lösen wollte. Die Zeichnungen im Buch stammen von Kubin selbst und waren ursprünglich für Gustav Meyrinks Roman *Der Golem* gedacht, einen im jüdischen Ghetto von Prag spielenden Klassiker des fantastischen Romans, der allerdings erst 1915 erschien. Dies allein ist schon ein deutlicher Verweis auf die geistige Verwandtschaft der beiden Bücher.

Damit, dass er die Zeichnungen für seinen eigenen Roman verwendete, schien Kubin uns sagen zu wollen: Es kommt darauf an, den Text als solchen zu bebildern, und nicht darauf, eine Szene in allen Einzelheiten unter die Lupe zu nehmen. Betont werden soll das Gefühl, das ein Text auslöst.

Dass es Kubin mehr um die Atmosphäre und das Gefühl ging, das diese Bilder auslösten, lässt ihn weniger als »Buchgestalter« in Erscheinung treten und verleiht seinen Buchillustrationen bleibenden Wert. Bei der Vorbereitung auf diese Ausstellung habe ich mir Hunderte von Kubin-Bildern angesehen und stets die gleiche Bewunderung empfunden. Ich fragte mich nicht, welches Bild zu welchem Buch gehört. Das künstlerische Können Kubins nahm ich da wahr, wo er nicht den Text zum Ausdruck bringt, sondern sein eigenes pessimistisches und melancholisches »Temperament«. Kubin geht es in seinen Bildern nicht um Individuen, sondern eher um die Menschheit an sich. Er zeigt uns das Unsinnige, Tragische, Lächerliche, Dramatische und Unvernünftige am Menschen.

In *Der Weg zur Hölle* und *Der Eingang zur Hölle* aus dem Jahr 1900 stellt Kubin eine Masse kleiner Menschen dar, die fahnenschwenkend freudig in den Krieg ziehen. Das Höllentor, auf das die Menschen mit Pferden und Kamelen in törichtem Eifer zuhalten, gleicht einem prächtigen Denkmal beziehungsweise dem Eingang zu einem furchterregenden Tunnel. Auf später entstandenen Zeichnungen zum selben Thema ähnelt das Tor zur Hölle dem aufgerissenen Maul eines Nilpferds, während die Menschenmenge, die sich ins Unglück stürzt, spärlicher ausfällt.

Den Pessimismus, der von dem eindrucksvollen Bild *Das große Maul* im Lenbachhaus ausgeht, wollte ich mit einem Diorama in Optimismus umkehren. Ins Maul des Keramiknilpferds, das Başak Bugay so gelungen in die dritte Dimension überführt hat, strömen in dieser Vitrine keine törichten Menschen, ganz im Gegenteil: Die Menschen, die mich mein Leben lang am meisten durch ihre Intelligenz und Kreativität beeindruckt haben, marschieren auf uns zu. Das Leben mag eher so sein, wie Kubin es uns auf seinen großartigen Bildern zeigt, doch sollen Kunst und Kreativität uns nicht in die Hölle führen, sondern zum Reichtum des Lebens.

ABRACADABRA
ABRACADABR
ABRACADAB
ABRACADA
ABRACAD
ABRACA
ABRAC
ABRA
ABR
AB
A

Others laid the Insults
Mark in a Cross.

I   H
S

Others nothing but this.
Mark thus?

Hamidiye Hastahanesinde
göz tabibinin
çocukların gözlerini

1900
yılında

"Then he proceeded to tell me of the mischeivous Consequences which att
the Presumption of the Turks and Mahometans in Asia and in other places,
he had been (for my Brother being a Merchant, was a few Years before,
have already observ'd, returned from abroad, coming from Lisbon) an
presuming upon their profess'd pre-destinating Notions, and of every
End being predetermin'd into infected Places, and converse with inf
Persons, by which Means they died at the rate of Ten or Fifteen Tho
a Week, whereas the Europeans, or Christian Merchants, who kept thems
retired and resevr'd, generally escap'd the Contagion."

DEFOE Daniel, 1992, (A Journal Of The Plague

Beim Betrachten von Kubins Bild *Epidemie* im Lenbachhaus wurde ich in die Zeit zurückversetzt, als ich während der Corona-Epidemie meinen Roman *Die Nächte der Pest* fertigschrieb. Um die Gefühle von damals wieder aufleben zu lassen, beschloss ich, inspiriert von dem Bild, ein weiteres Diorama zu gestalten.

Großen Dank schulde ich meiner Freundin, der Bildhauerin Kıymet Daştan, die die wie ein außerirdisches Wesen wirkende skelettartige Gestalt, die dem Haus durch einen Kamin die Pest einflößt, in eine dreidimensionale Bronzefigur verwandelt hat. Das ermöglichte mir, diese große Vitrine zu konzipieren.

Alfred Kubin, *Epidemie*, 1900/1901,
Tuschfeder, laviert, gespritzt, Einfassungslinie auf Katasterpapier,
26,5 × 25,7 cm, Ehemals Städtische Galerie im Lenbachhaus und Kunstbau
München, nach proaktiver Erforschung der Provenienz 2019 an die
rechtmäßigen Erben von Hertha und Maximilian Morgenstern restituiert,
Inv.-Nr. Kub 189 / ABGANG (Restitution)

Alfred Kubin

Ich hatte mit den *Nächten der Pest* vier Jahre vor dem Corona-Ausbruch begonnen, und während des großen Lockdowns kam der Roman heraus. Unvergesslich wird mir bleiben, wie ich, als die Ausgangssperre für über Fünfundsechzigjährige in der Türkei zeitweise aufgehoben wurde, durch die leeren Straßen zog, gefolgt von meinem Personenschützer, und im Schaufenster der größten Istanbuler Buchhandlung in einer der normalerweise belebtesten Einkaufsmeilen der Stadt riesige Stapel meines Romans erblickte. Er war in hoher Auflage gedruckt worden, doch nun war niemand auf der Straße, der ihn hätte kaufen können.

Die Einsamkeit während einer Seuche ist meiner Ansicht nach das Thema von Kubins Bild, und sie ist auch das Gefühl, das von dieser Vitrine ausgelöst werden soll. Zu den Bildern in der Vitrine habe ich mich von Fotos aus dem Osmanischen Reich um die Jahrhundertwende, von den Aufnahmen in den Fotoalben Sultan Abdülhamits II., die Ansichten aus seinem Reich zeigen, sowie von medizinischen Plakaten inspirieren lassen. Außerdem sind Buchstaben- und Zahlensymbole islamischer Provenienz abgebildet, mit denen man damals die Pest bekämpfte und auf die ich beim Schreiben des Romans in alten Büchern gestoßen war.

In den *Nächten der Pest* geht es um einen Pestausbruch auf einer osmanischen Insel. Der berühmteste und wohl beste Roman, der auf einer Insel spielt, ist Daniel Defoes *Robinson Crusoe*, und zugleich hat der überaus begabte Autor auch den besten Roman über die Pest geschrieben, nämlich *Die Pest zu London*, aus dem ich in der Vitrine folgendes Zitat verwendet habe:

"Then he proceeded to tell me of the mischeivous consequences which attended the presumption of the Turks and Mahometans in Asia and in other places where he had been (for my brother, being a merchant, was a few years before, as I have already observed, returned from abroad, coming from Lisbon), and how, presuming upon their profess'd predestinating notions, and of every man's end being predetermin'd and unalterably beforehand decreed, they would go unconcerned into infected places and converse with infected persons, by which means they died at the rate of ten or fifteen thousand a week, whereas the Europeans or Christian merchants, who kept themselves retired and reserv'd, generally escap'd the contagion."

Bingo II, 2024,
verschiedene Materialien, 89,5 × 47,5 × 50 cm

An Silvester wurde bei uns zu Hause traditionell Bingo gespielt, woran sich die gesamte Verwandtschaft beteiligte, von der Großmutter bis zu den Enkeln. Aus einem Säckchen wurden Nummern aus Holz (später aus Plastik) gezogen, und wer auf der Karte vor sich eine der Nummern stehen hatte, kennzeichnete dies mit einer Bohne. Wer als Erster eine Reihe vervollständigte, rief »çinko« und bekam von meiner Großmutter ein Geschenk; bei zwei Reihen rief man »minko« und bekam wieder etwas. Das größte Geschenk wurde dem zuteil, bei dem die ganze Karte voll war.

Und was also bekamen die Enkel, Töchter, Schwiegersöhne oder Gäste von meiner Großmutter? Eine Papierblume, einen Bleisoldaten, eine Flasche Kölnischwasser, ein Plastikpferd, ein kleines Flugzeug, einen Stift, einen Radiergummi, einen roten Ball, eine Schere, ein Stück Seife, einen kleinen Spiegel, einen Kaugummi, einen Spitzer, eine Spielzeuguhr, einen roten Buntstift, ein kleines Pferd, einen Aschenbecher, einen Nussknacker, einen Löffel, ein Feuerzeug etc. Manches davon hätte ich gerne besessen (eine Tischuhr), manches ließ mich kalt, bei einigen Gegenständen wusste ich nicht einmal, worum es sich handelte, aber irgendwie war ich bezaubert von all dem, was man da bei einem Glücksspiel gewinnen konnte, während um einen herum eine zufriedene Familie fröhlich schwatzte. Dank der Geschenke meiner Großmutter entdeckte ich, dass Dingen ein besonderer Zauber innewohnt, ja dass sie unabhängig von uns ein Eigenleben führen. So begriff ich denn auch besser die europäische Tradition der Stillleben. Inspiriert von der Bingo-Vitrine im Museum der Unschuld und von einem Stillleben Eduard von Grützners, habe ich diese Vitrine konzipiert, in der sich jener Zauber ausdrücken soll.

Da in mir ein Enzyklopädist mit großer Freude am Ordnen und Klassifizieren schlummert, möchte ich mich immer gleich ans Nummerieren machen, sobald ich eine Gruppierung von Gegenständen sehe. Dazu darf man aber vor großen Ansammlungen nicht zurückscheuen, sich nicht fürchten. Die Erinnerungen an das Bingospiel an den Silvesterabenden bei uns zu Hause begleiten jenen Ordnungsdrang. Wie ich es mir in meiner Kindheit immer gewünscht habe, beginnen die hier nebeneinander aufgereihten Gegenstände, zum Beispiel ein kleines Flugzeug oder Früchte, irgendwann miteinander zu reden und eine märchenhafte neue Welt zu erschaffen. Diese Vitrine, deren Inhalt ich mehr oder weniger zufällig angeordnet habe, erscheint mir dem Geiste des Museums der Unschuld sehr nahezukommen.

Eduard von Grützner, *Stillleben*, 1898, Leinwand, 54 × 43,5 cm, Städtische Galerie im Lenbachhaus und Kunstbau München, Dauerleihgabe der Bundesrepublik Deutschland, Inv.-Nr. FH 184/2

Ganglien, 2024,
verschiedene Materialien, 50,5 × 63,7 × 45,5 cm

Diese Vitrine ist von einem faszinierenden Bild des Malers Gabriel von Max inspiriert. Der Darwinist, Spiritist und naturwissenschaftliche Hobbyforscher hat darauf »Ganglion« geschrieben. Allein schon, dass er überhaupt auf ein Bild etwas geschrieben hat, schätze ich sehr. Da ich ein recht nervöser Mensch bin, mit ziemlich vielen Knoten in der Seele, stelle ich mir das Seelengewebe in etwa so vor wie dieses in einer Weberei hergestellte rote Stoffband. Denken wir uns überhaupt einmal die ganze Welt als einen aus feinen Nervensträngen gefertigten Stoff aus einer altmodischen Weberei. Alles kommt auf die Farbe des Fadens an. Das Netz, das die Nervenstränge wie die Nase eines riesigen Insekts aussehen lässt, hat Başak Bugay geformt.

Die alten Fotos von osmanischen Fabriken und Werkstätten, in denen nichtmuslimische Frauen arbeiten, erinnern uns daran, dass unser Leben und die ganze Welt aus den Knoten und Fäden von Nervensträngen gemacht sind. Nicht nur die Fabriken, sondern auch die Spulen, die Nähmaschinen, die Nervenstränge und die Gewebe, also alles und all jene Frauen arbeiten daran, den roten Stoff herzustellen.

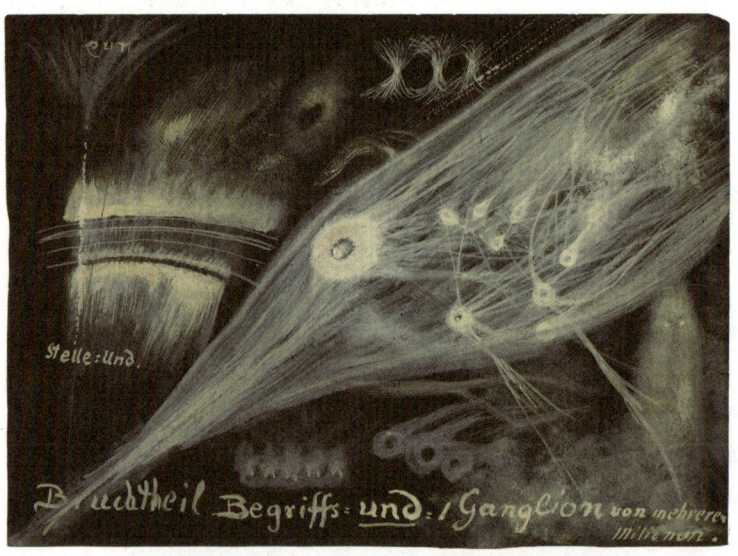

Gabriel von Max, *Ohne Titel (kosmische Szene)*,
Weiße Deckfarbe auf braunem Tonpapier, 21,5 × 29 cm,
Städtische Galerie im Lenbachhaus und Kunstbau München,
Schenkung Dr. Wolfgang Honsig-Erlenburg
Inv.-Nr. G 18402/29

SPIELKARTEN

In meiner Kindheit verbrachte ich viel Zeit damit, Erwachsenen beim Kartenspielen zuzuschauen. Von 1955 bis 1959 traf sich meine Groß-mutter zwei Mal in der Woche mit drei anderen Damen aus dem No-belviertel Nişantaşı zum Bézique-Spielen, während mein Bruder und ich dabeisaßen und von den extra dafür besorgten Torteletts und den im Backofen gerösteten Käse-Simits naschten. Meinem Vater wieder-um sah ich beim Bridge zu, entweder zu Hause, mit befreundeten Ehe-paaren, oder auch in diversen Istanbuler Bridge-Clubs, denn er nahm nicht nur an internationalen Turnieren teil, sondern spielte sogar in der türkischen Nationalmannschaft und war eine Zeit lang Vorsitzen-der des türkischen Bridge-Verbands.

In der Oberstufe im Robert Kolej spielte ich selbst Bridge, dane-ben auch Poker, mit Freunden, die ebenso viel Eifer und Geldgier an den Tag legten wie ich. Unsere Pokerabende, an denen nach Herzens-lust geflucht wurde, möchte ich mit all ihren psychologischen Dimen-sionen in einem Roman mit dem Titel *Eine erste Liebe* verarbeiten.

Vor etwa zehn Jahren habe ich begonnen, darüber nachzuden-ken, wie von den 96 Bézique-Karten französischer Herkunft und den 52 englischen Bridge-Karten einheimische Versionen gestaltet werden könnten. Das türkische Erziehungssystem bläut einem ein, von allem, was aus dem Westen zu uns kommt, eine heimische, nationale, uns ei-gene Variante zu erschaffen. Davon bin ich geprägt, und das, obwohl ich im amerikanischen Robert Kolej zur Schule ging. Diese ideologi-sche Ausrichtung, über die ich mich manchmal ärgere und sie dann doch wieder gutheiße, hat den »ersten türkischen Roman« hervorge-bracht, den »ersten türkischen Kühlschrank«, das »erste türkische Auto«, das »erste türkische Kölnischwasser«, den »ersten türkischen Fernseher« und das »erste türkische Flugzeug« (wenn ich mir auch bei Letzterem nicht so ganz sicher bin), also lauter kulturelle und tech-nische Errungenschaften, über die ich mich freue. Daher nun auch das erste Vorhaben, türkische Spielkarten zu erschaffen.

Der Auslöser dazu waren die Recherchen zu meinem Roman *Rot ist mein Name*, bei denen ich viel über iranisch-osmanische Bilder-handschriften und Miniaturmalerei erfuhr. Ein weiterer Erfolg unse-res Erziehungssystems besteht wohl darin, dass ich die zwischen dem 15. und dem 18. Jahrhundert vor allem im Iran, aber auch in anderen islamischen Ländern entstandenen Handschriften und Buchmale-reien zu schätzen weiß und Reproduktionen davon mit einem sanften Lächeln betrachte.

Um original türkische Spielkarten herzustellen, musste ich die Bilder auf den französischen Bézique-Karten austauschen und nach einer ganz bestimmten Logik vorgehen. Klassische Spielkarten wur-den vor der Renaissance von europäischen Miniaturmalern gestaltet.

Für den König wurden als Vorbild legendäre Figuren wie Alexander der Große oder Karl der Große verwendet. So musste ich mich für meine originär türkischen Spielkarten an bedeutenden Sultanen aus der osmanischen Geschichte orientieren, an Fatih, dem Eroberer, an Süleyman, dem Prächtigen, an Murat IV. oder an Abdülhamit. Dazu bediente ich mich der einschlägigen Porträts im Topkapı-Palast oder, im Fall von Abdülhamit, alter Fotografien. Osmanische Maler von Sultansporträts hielten es manchmal so, dass sie nicht den Sultan selbst Porträt sitzen ließen, sondern als Vorlage die Bilder nahmen, die europäische Künstler wiederum vom Sultan selbst gemalt hatten. Das Bild, auf dem Fatih, der Eroberer, an einer Nelke riecht, meine Vorlage für den König, wurde etwa vom osmanischen Miniaturmaler Sinan Bey angefertigt, allerdings auf Grundlage des Porträts, das Gentile Bellini vom Sultan gemalt hatte. Am meisten konnte ich bei meinem Anliegen auf das *Surname-i Vehbi* zurückgreifen, das Festbuch, das vom Hofdichter Vehbi und dem Miniaturmaler Levni anlässlich der Feierlichkeiten zur Beschneidung der Söhne von Sultan Ahmed III. gestaltet wurde. Der während der sogenannten »Tulpenzeit« (1718–1730) tätige Levni war der wohl begabteste osmanische Miniaturmaler und erschien mir als das würdigste Vorbild für meine Spielkarten.

Hinzu kommt, dass ich die einheimischen Karten nicht nur aus Freude an visueller Kreativität entwarf, sondern ich hatte mich darangemacht, einen Roman mit dem Titel *Die Kartenspieler* zu schreiben, der in den Vierzigerjahren spielt, einer Hochphase des türkischen Nationalismus. Die Karten spielenden Protagonisten erfanden darin einheimische Spielkarten, einerseits unter dem Druck der Behörden, andererseits führten die Diskussionen, die sie beim Spielen führten, allmählich dazu, dass sie diesen Schritt in Richtung kultureller Nationalismus eigenständig taten.

Ich gab den Roman jedoch irgendwann auf, da er mir nicht ironisch genug auszufallen schien. Zwischen der zunehmend ins Tragische ausartenden Romanatmosphäre und der humoristischen Wirkung, die das Experiment mit den einheimischen Spielkarten beim Leser auslösen sollte, tat sich ein zu großer Widerspruch auf.

Nun, ich bilde mir ein, dass die Betrachter beim Anblick der einheimischen Spielkarten ein wenig schmunzeln, doch kann ich mich da auch täuschen.

Spielkarten, 2024,
farbiger Druck, je 8,2 × 5,7 cm

BILDER MEINES SCHREIBTISCHS

Mit dem Aufkommen von Digitalkameras und danach von Handys mit eingebauter Kamera habe ich mich zum fanatischen Fotografen entwickelt. Schon als Kind hatte ich Fotoapparate, doch waren damals die Geräte selbst und das Entwickeln noch eine kostspielige Angelegenheit. Ich hätte am liebsten alles und jedermann fotografiert, aber das konnte unsere Familie sich nicht leisten.

Als durch die Digitalkameras das Fotografieren viel günstiger wurde, fotografierte ich drauflos und drehte auch Videos. Seit über zwanzig Jahren muss ich mir nunmehr die Frage anhören: »Wozu fotografieren Sie das alles?« Ich bin nämlich keineswegs jemand, der nur hin und wieder ein Erinnerungsfoto knipst, sondern jeden Tag mache ich gut hundert Fotos, und auf Reisen oder zu besonderen Anlässen können es auch mal fünfhundert werden. In meinem digitalen Fotoarchiv haben sich 800 000 Aufnahmen angesammelt.

Fast ebenso häufig werde ich gefragt, ob ich mir die Fotos später auch ansehe. Meine ehrliche Antwort darauf: »Nicht immer, und nicht alle, aber manchmal tue ich es eben schon.«

Und dies am öftesten, wenn ich mich an einen bestimmten Tag besser erinnern möchte. Jener kann erst wenige Tage zurückliegen oder mehrere Jahre. Ich führe seit fünfzehn Jahren Tagebuch und schreibe mir gerne alles auf, was ich an einem Tag erlebt habe. Auch habe ich mir vorgenommen, über jedes der vielen Museen, die ich besuche, immer etwas zu schreiben, wozu ich erst nach der jeweiligen Reise komme, wenn ich mir die entsprechenden Fotos anschaue.

Und wie jedermann habe ich mir angewöhnt, Selfies zu schießen, um einen Moment festzuhalten und mich selbst in diesem Moment zu sehen. Ich bin niemand, der auf Leute, die Selfies machen, herabsieht! Für mich sind Selfies etwas, womit man der Sorge begegnet, einsam oder unbedeutend zu sein, und sich versichert, dass man am Leben teilhat, am Alltag, dass man dazugehört und sich später daran erinnern wird. Da ich schon mit Digitalkameras Selfies machte, noch bevor es überhaupt Handykameras gab, zähle ich mich stolz zu den Erfindern der Selfie-Kunst.

Die Fotos in meinem Archiv bzw. der Cloud müssen natürlich geordnet werden, worum sich seit Jahren Fotoassistenten kümmern. Die größte Gruppe machen tatsächlich die Selfies aus. Die Titel weiterer Fotoserien lauten: Landschaften, Berge, Meer, Museen, Istanbul, Möwen, meine Frau Aslı, im Haus, der Blick von meinem Schreibtisch aus, Reisefotos, Gesellschaften/Essen/Partys.

Großen Wert lege ich auf die Serie, die meinen Schreibtisch zeigt. Seit sechzehn Jahren mache ich immer wieder Aufnahmen von dem Durcheinander, das dort herrscht. Das ist gewissermaßen von dokumentarischem Wert, weil es zeigt, was ich jeweils gerade lese oder schreibe, was für Stifte ich mag und mit welchem Nippes ich mich umgebe. Ich sehe das Ganze als poetische Momentaufnahmen meines Autorenlebens. Man mag derlei gelangweilt zur Kenntnis nehmen, doch will ich daran erinnern, was ich in fünfzig vor allem am Schreibtisch verbrachten Jahren für ein bescheidenes und zugleich buntes Durcheinander vor mir hatte. Jene Fotos sind für mich voller Hinweise darauf, was mir in all den Jahren durch den Kopf ging, und natürlich voller Erinnerungen. Gerade dadurch, dass es so viele Fotos sind und sie einander naturgemäß sehr ähneln, haben sie sich zu lauter magischen Verweisen darauf entwickelt, was das, was wir die ZEIT nennen, doch für eine geheimnisvolle Sache ist.

Bilder meines Schreibtischs, 2007–2024,
Aufnahmen mit der Handykamera

Im Sommer 2021 fragte ich den Videokünstler Ali Kazma, mit dem ich damals schon bekannt, aber noch nicht befreundet war, ob er sich darauf einlassen würde, in dem Haus im Stadtteil Cihangir, in dem ich lebe und schreibe, eine Weile zu arbeiten und eines der für ihn typischen Videos zu drehen. Schon länger verfolgte ich voller Interesse seine Videoarbeiten über Kunsthandwerker (*Calligraphy*, 2013), Uhrmacher (*Clock Master*, 2006), Fabrikarbeiter (*Jean Factory*, 2008; *Crystal*, 2015), zeitgenössische Künstler (*L'Atelier Sarkis*, 2015; *Home*, 2015) und Gewerbetreibende (*Taxidermist*, 2009; *Tattoo*, 2013). Ich wiederum schreibe seit fünfzig Jahren mit dem Füllfederhalter Romane und beschäftige mich seit etwa fünfzehn Jahren mehr oder weniger im Verborgenen mit dem Malen und Zeichnen. Zudem verfüge ich auf 700 Quadratmetern über ein reichhaltiges Archiv. Neben einer zwanzigtausend Bände umfassenden Bibliothek habe ich meine sämtlichen Hefte mit Notizen und Zeichnungen sowie die handschriftlichen Manuskripte all meiner Romane aufgehoben und überhaupt alles Mögliche gesammelt, die seltsamsten Dinge. Und von meinem Büro aus hat man einen herrlichen Blick auf den Bosporus. An Material würde es Ali Kazma also nicht mangeln. Er würde in meinem Haus viel Zeit verbringen können, und vielleicht würde sich sogar eine richtige Freundschaft zwischen uns entwickeln. Es wird deutlich, dass es sich bei meinem Angebot nicht um einen Auftrag im üblichen Sinne handelte, sondern ich vielmehr auf eine nicht nur fruchtbare, sondern geradezu fröhliche Zusammenarbeit hoffte. Obendrein hatte sich bei Statikprüfungen herausgestellt, dass die Gebäude in unserer Straße nicht erdbebensicher waren und über kurz oder lang abgerissen werden würden, sodass mein kleines Universum bald nicht mehr existieren würde.

Ali erwiderte zunächst, er werde sich die Sache überlegen, doch bald willigte er ein. Damit leiteten wir einen Prozess ein, von dem wir beide zu Anfang nicht gedacht hätten, dass er sich so lange hinziehen würde. Der Begriff Prozess lässt an eine Veränderung denken, doch empfand ich genau das Gegenteil: An den Tagen, an denen Ali mit seiner Kamera im Haus war, kam es mir vor, als würde darin jegliche Bewegung zum Stillstand kommen, ja als würde sich auch draußen in der Welt absolut nichts tun.

Wenn ich morgens an meinem Schreibtisch saß, klingelte Ali irgendwann, schnappte sich die Kamera, wo er sie am Vortag abgestellt hatte, und fing sogleich an zu filmen. Manchmal unterhielten wir uns erst noch ein paar Minuten, oft genug aber öffnete ihm meine Haushälterin Sermin die Tür und ich merkte nicht einmal, dass er schon da war.

»Ist Ali heute nicht gekommen?«, fragte ich dann irgendwann.

»Doch, vor einer Stunde. Er arbeitet unten im ehemaligen Fernsehzimmer.«

Dann versuchte ich mir vorzustellen, was Alis geduldige Kamera dort wohl jetzt filmen mochte. In dem Zimmer mit den verblichenen Vorhängen und der nackten Glühbirne an der Decke, das auf einen Lichtschacht voller Taubendreck hinausging, stapelten sich Geschichtsbücher über die Türkische Republik und deutsche und italienische Sekundärliteratur. Und sonst? Sonst war da noch allerhand Nippes, alte Zeitungen, Bände populärwissenschaftlicher Geschichtsbücher, seltsame literarische Werke und türkische Boulevardmagazine aus den Vierzigerjahren, für die sich niemand mehr interessierte. Dabei gab es in diesen Zeitschriften so viel zu entdecken! Schwarz-Weiß-Bilder Istanbuler Zeichner der damaligen Zeit, bunte Titelbilder, in Anlehnung an europäische Ölgemälde angefertigte triviale Porträts und vieles mehr, das meine visuelle und literarische Welt beeinflusst hatte. Ob ich Ali wohl erläutern sollte, was darin für mich interessant war und was nicht?

Seien es manche der zwanzigtausend Bücher in meinem Haus, das durch die Zusammenlegung von vier Wohnungen entstanden war, seien es die hunderttausend gelesenen und unterstrichenen Zeilen, die Bilder, die vielen Alltagsgegenstände, die anderen völlig bedeutungslos erschienen wären, die Briefmarkenalben, die ich seit meiner Kindheit aufhob, die unzähligen Fotos, Papier ohne Ende, all das half mir immer noch dabei, mein literarisches und visuelles Universum zu schaffen.

Und manchmal frage ich mich doch, ob das alles wirklich so wichtig ist.

Vielleicht nicht. Und dennoch kann ich nicht darauf verzichten. Angerufen hatte ich Ali Kazma, weil ich mein Universum schützen und bewahren wollte, zumindest das, was es wert war, aufgehoben und aufgenommen zu werden. Doch war Ali ein Künstler, und ich erwartete von ihm, dass er ein sinnvolles künstlerisches Ganzes schaffen werde. Daher durfte er sich nicht mit reinen Äußerlichkeiten zufriedengeben, mit Bucheinbänden, beladenen Schreibtischen, damit also, wie diverse Räume und Gegenstände aussahen. All diese Zimmer, Bücher, Boxen, Hefte hatten jeweils bestimmte Eckchen, Seiten, Bilder oder Bezugspunkte, die mir wichtiger waren als andere. Wenn ich Ali auf manche davon zumindest hinwies, würde sein Video sowohl für mich als auch für ihn selbst an Bedeutung gewinnen. Es konnte natürlich sein, dass er als Videokünstler gar nicht darauf aus war, von mir bestimmte Stellen vorgekaut zu bekommen, doch musste ich es zumindest versuchen.

So begann ich, bestimmte Bücher, Hefte und Bilder zu kennzeichnen und vor Ali gewisse Seiten aufzuschlagen. In Boxen verstaut harren in meinem Archiv die Manuskripte meiner sämtlichen Romane, inklusive aller nicht verwendeter Seiten, Zusätze, umgeschriebener Kapitel. Ali entschied sich dafür, nur das Material eines einzigen

Romans zu verwenden, und wählte dafür *Das Schwarze Buch*. Auf einem anderen Schreibtisch lag das Manuskript des Romans *Die Nächte der Pest*, den ich gerade veröffentlicht hatte. Ich breitete vor Ali manche meiner illustrierten Notizbücher und meiner großen Zeichenhefte aus und erläuterte ihm, in welchen Bücherschränken oder Schubläden er fündig werden könne. Bilder und Kalligrafien aus Kunstbüchern und Lexika und bestimmte Zäsuren in der islamischen und westlichen Malerei hatten sich auf die Herausbildung meines ästhetischen Geschmacks ausgewirkt, und sowohl beim Malen als auch beim Schreiben griff ich auf das somit entstandene visuelle Gedächtnis immer wieder zurück. Daher erhoffte ich mir, Ali würde sich beim Filmen nicht mit Möbelstücken und Bücherschränken begnügen, sondern auch auf die vielen Details meiner visuellen Welt eingehen, die ich vor ihm ausbreitete.

Wenn ich nicht zu Hause war, wurde Ali von Sermin eingelassen und filmte dort, wo er wollte. Als seine Arbeit beendet war, verkündete er mir, er habe in meinem Haus und meinem Atelier 70 Tage und insgesamt 200 Stunden verbracht. In all dieser Zeit trat ich ihm und seiner Kamera nie zu nahe.

Allerdings wies ich ihn auf besondere Gelegenheiten hin und sagte etwa: »*Die Nächte der Pest* kommen in Großbritannien heraus, dazu werde ich 1500 Seiten signieren. Komm ruhig und nimm das auf!« Als ich mit meinem Autorenkollegen Can Kantarcı in meiner Bibliothek herumräumte und wir dabei fröhlich über Bücher plauderten, bat uns Ali, auch das filmen zu dürfen. Im Mai 2022 kamen zehn Jahre nach der Eröffnung des Museums der Unschuld die mit mir befreundeten Architekten und Designer Gregor und Johanna Sunder-Plassmann und Carlotta Werner aus Deutschland nach Istanbul, um mir bei der Gestaltung neuer Vitrinen behilflich zu sein, und ich dachte mir, auch das sei eine gute Gelegenheit für Ali. Auch als ich 2023 für die Ausstellung *Der Trost der Dinge* in der Galerie Alter Meister in Dresden neue Werke konzipierte, ließ ich Ali daran teilhaben. Wenn ich manchmal urplötzlich den dringenden Wunsch verspürte, ein Bild zu malen, und mich am Nachmittag auf einem mittelgroßen Blatt an ein Aquarell machte, rief ich Ali an, er solle sich bereithalten. Wenn ich beim Schreiben in mein Notizbuch kritzelte, fiel es mir manchmal schwer, eine natürliche Haltung einzunehmen, deshalb blieb Ali nicht vor mir stehen, sondern stellte nur seine Kamera auf mich ein und verschwand dann so lange, bis ich vergaß, dass ich beim Schreiben gerade aufgenommen wurde, und somit die fürs Schreiben notwendige Versunkenheit erreichte.

Im Grunde blieb Ali so lange bei mir im Haus, dass ich vergaß, dass er überhaupt da war. Das verschmolz mit dem Gefühl aus seinen ersten Tagen bei mir, als mir so war, als würde sich gar nichts verändern und in meinem Haus und an meinem Tisch alles gleichbleiben.

Als ich irgendwann den Film »A House of Ink« zum ersten Mal zu sehen bekam, setzte sich das fort: Selbst wenn das Haus, in dem ich mit meinem Büro, meinen Büchern und Heften und Bildern, meinem Schreibtisch und meinem ganzen Archiv lebe, eines Tages abgerissen wird, so wird doch alles weitergehen wie bisher. Dann wird sich in das Knattern und Tuten der Bosporus-Schiffe und das Kreischen der Möwen eben ein wenig Baulärm mischen. Das zu wissen, ist für jemanden wie mich, der die Vergangenheit und ihre Aura in sich trägt und sich angewöhnt hat, Dinge zu horten, ein gewisser Trost!

Ali Kazma, *A House of Ink*, 2023,
3-Kanal-Video mit Sound,
50 Minuten

A House of Ink

A House of Ink

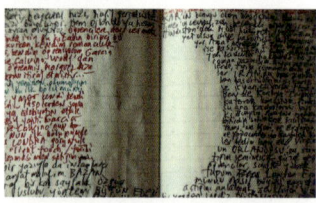

A House of Ink

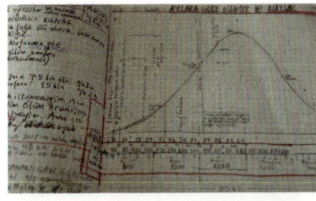

Mit diesem Bild habe ich 1993 begonnen, also vor etwas über dreißig Jahren. Ich schrieb damals nach dem *Schwarzen Buch* an meinem Roman *Das neue Leben* und machte mir dazu in einem karierten Heft Notizen. Damals hatte ich die Angewohnheit, mit dem Füllfederhalter auch allerlei dazuzukritzeln, Dreiecke, dreidimensionale Labyrinthe, alles Mögliche. Die Skizzen, die während der Arbeit am *Schwarzen Buch* entstanden, hat Darmin Hadzibegovic später in seinem Werk mit dem Titel *Die Geheimnisse des Schwarzen Buches* verwendet.

An solche Bilder machte ich mich nicht mit dem Gedanken, damit etwas Fiktives oder Reales darstellen zu wollen, eine Moschee, eine Treppe, eine Straßenansicht. Ich kritzelte wie von selbst drauflos, zeichnete Zickzacklinien, Mauern (ein Nebeneffekt meines Architekturstudiums), Säulen, Bögen. Nach einer Weile wandte ich mich dann wieder meinem Roman zu. Sobald ich ein paar Tage später beim Schreiben erneut stecken blieb, ging auch das gedankenlose Zeichnen wieder los.

Manchmal zeichnete ich einfach dort, wo auf der Seite noch Platz war. Manchmal endete das planlos drauflosgezeichnete Bild dort, wo es auf den Seitenrand oder auf Text stieß. Manchmal gefiel mir etwas auch nicht mehr und ich hörte deshalb auf. Diese Zeichnung entstand nicht auf einer der karierten Heftinnenseiten, sondern auf dem Rückumschlag.

Erst begann ich auf der unteren Blatthälfte etwas zu zeichnen, was einer Zikkurat oder einem Minarett glich. Ich kam damit nur langsam vorwärts. Allmählich näherte sich das Gebilde von der Anmutung her dem 1919 entstandenen berühmten *Monument der Dritten Internationale* des konstruktivistischen Bildhauers Wladimir Tatlin an. Als gewissen Erfolg werte ich, dass ich auf seiner Spitze eine Figur platzieren konnte, die mich dreißig Jahre jünger zeigt.

Nach und nach kamen immer mehr Bögen, Ziegeldächer und Treppen hinzu. Der Orhan auf seinem konstruktivistischen Turm entwickelte sich zu jemandem, der von dort oben hinuntersieht. Während die Arbeit langsam fortschritt, sagte ich mir irgendwann, jener Orhan dort oben sei mein Alter Ego, das in hundert Jahren vom Taksim-Platz auf ein futuristisches Istanbul blickt.

Im Verlauf der letzten dreißig Jahre sind einige der wie aus Science-Fiction-Filmen wirkenden Häuser tatsächlich gebaut worden. Andere wiederum, Wolkenkratzer mit Bogenkuppeln oder seltsamen Rundungen, stehen noch nicht. Aber das kommt schon noch.

Die Stadt, 1993,
Tusche auf Papier, 29,7 × 21 cm

OTUZ BEŞ
YIL ÖNCE
İÇİMDEKİ
RESSAMI
ÖLDÜRDÜM
VE ROMAN
YAZMAYA
BAŞLADIM
RESMİN,
KAĞIDIN
BOŞ YANINI
GÖRMEK
DEMEK
OLDUĞUNU
YILLAR SON
RA, ŞİMDİ
ANLIYOR VE
BAKIYORUM

VOR FÜNFUNDDREISSIG JAHREN HABE ICH DEN MALER IN MIR ABGETÖTET UND
ANGEFANGEN, ROMANE ZU SCHREIBEN. JAHRE SPÄTER BEGREIFE ICH NUN, DASS MALEN
BEDEUTET, DEN LEEREN TEIL DES BILDES ZU SEHEN, UND ICH SCHAUE IHN AN.

Skizzen- und Notizbücher, 2008–2024,
Aquarell und Tusche auf Papier,
je 17,5 × 23 cm (offen) und 14 × 18 cm (offen)

Skizzen- und Notizbücher

Skizzen- und Notizbücher

Skizzen- und Notizbücher

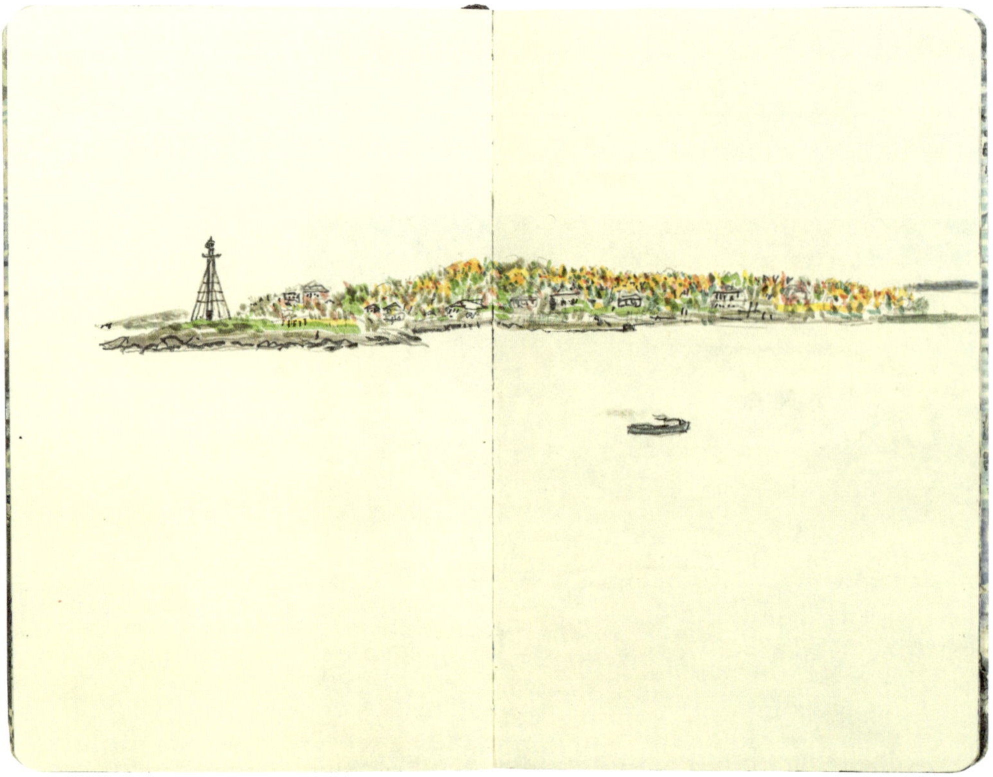

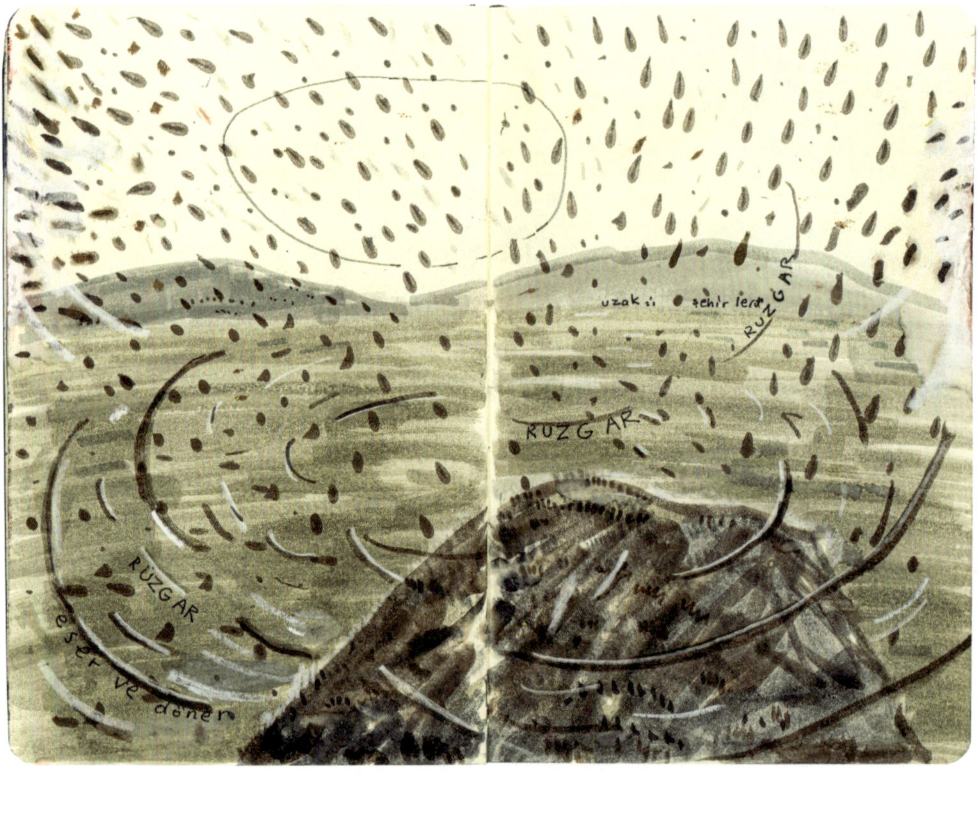
uzak şehir lere
RÜZGAR
RÜZGAR
RÜZGAR
eser ve döner

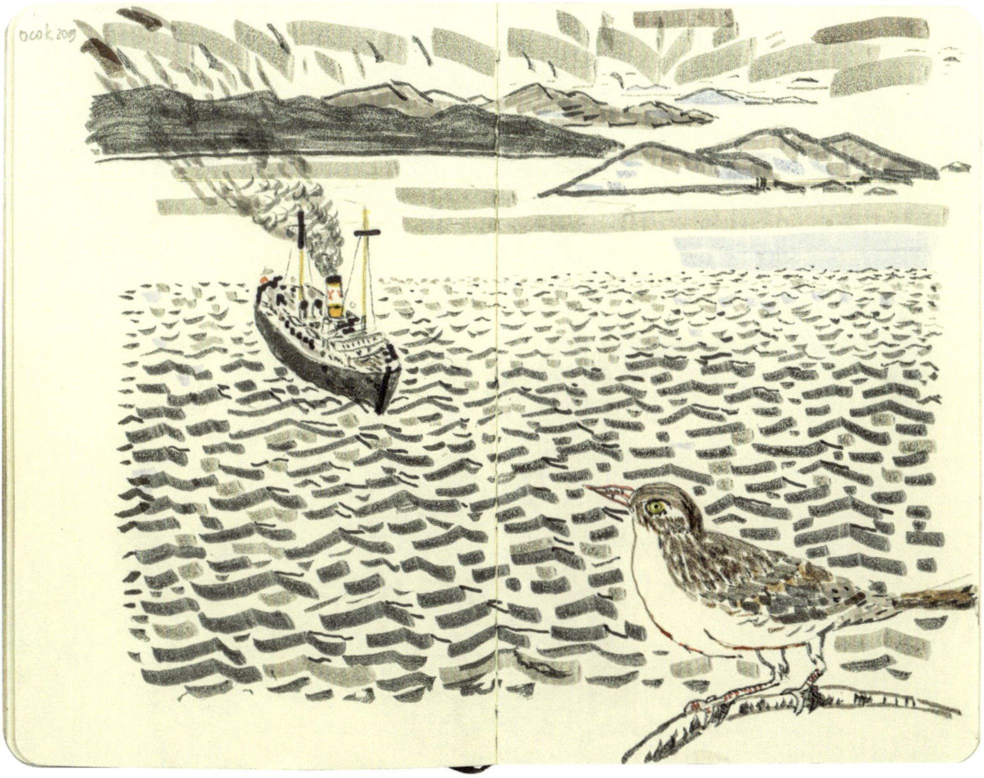

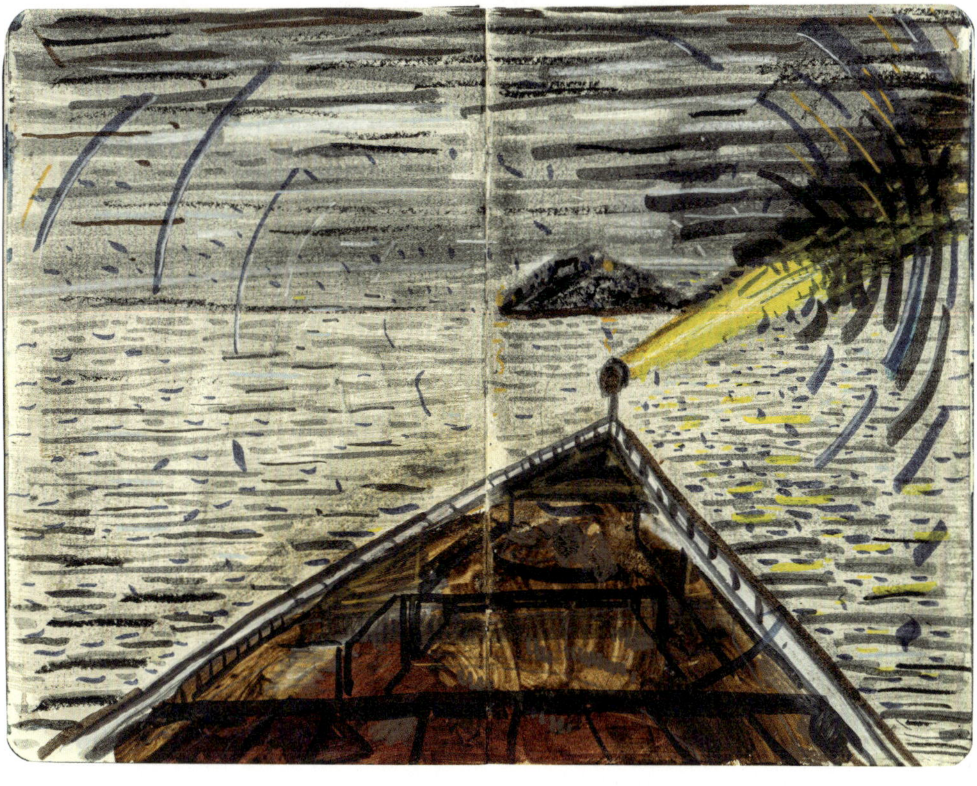

2012 den başlayarak sene de iki defter
tutmak bana resmedilecek, dolduracak çok boş sayfalar vermişti..
2009 dan beri bu defterleri
neye gidersem gideyim hep yanımda taşıyorum. Böylece yalnızca
kelimelerle değil çizimlerle de not
tutmaya başladım. Bekleme koltukları
da trenlerde, metrolarda, kahvelerde
ta masalarında bu defterlere hep bir şey
yazdım ve biraz da resmettim. Kurşun
kalemle çizdiğim resimleri evde çoğu
gibi boyardım. Defterimi görenler: Aa
Benim Adım Kırmızı daki minyatürler gibisin! derlerdi. Ne kadar güzel
küçük küçük yapmışsın, nasıl vakit

Durch die zwei Hefte hatte ich ab 2012 viel mehr Seiten zum Vollzeichnen. Seit 2009 führe ich mein Heft stets bei mir und mache meine Notizen nicht mehr nur schreibend, sondern auch zeichnend. Ob in einem Wartezimmer, am Bahnhof, in der U-Bahn, in einem Café oder Restaurant, stets schreibe und zeichne ich etwas hinein. Zu Hause male ich meine Bleistiftzeichnungen wie ein kleiner Junge mit Buntstiften aus. »Du bist ja wie der Miniaturmaler in Rot ist mein Name!«, sagen mir manche. Oder: »Wie schön! Alles so winzig! Wie findest du bloß Zeit für so was?«

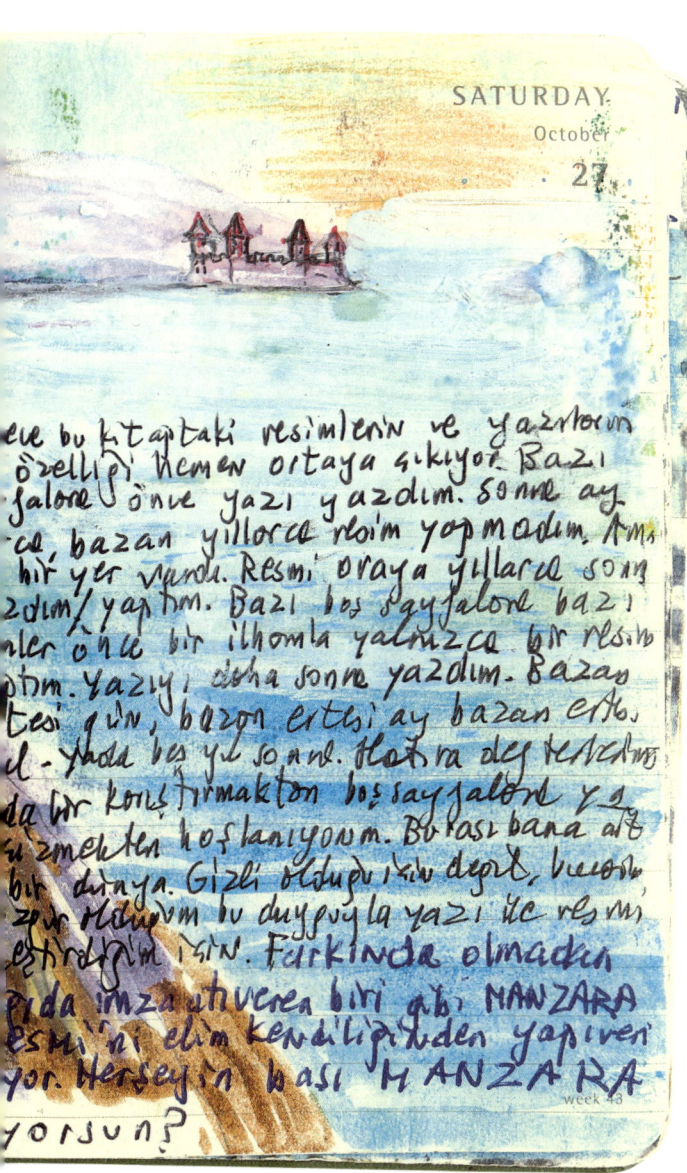

ee bu kitaptaki resimlerin ve yazılarım
özelliği hemen ortaya çıkıyor. Bazı
falore önce yazı yazdım. Sonre ay-
ce bazan yıllarca resim yapmadım. Ama
bir yer vardı. Resmi oraya yıllarca sonra
2dim/yaptım. Bazı boş sayfalore bazı
ler önce bir ilhamla yalnızca bir resim
ptm. Yazıyı daha sonra yazdım. Bazan
tesi gün, bazan ertesi ay bazan ertes-
l. Yada beş yıl sonra. Hatıra defterlerim
da bir konuşturmaktan boş sayfalore yo
u zmekten hoşlanıyorum. Burası bana ait
bir dünya. Gizli olduğu için değil, burda
zevr alıyorum bu duyguyla yazı ile resmi
eştirdiğim için. Farkında olmadan
pıda imza atıveren biri gibi MANZARA
esmini elim kendiliğinden yapıveri
yor. Herşeyin başı MANZARA
yorsun?

Die Bilder und Texte in diesem Buch weisen somit eine Besonderheit auf. Auf manchen Seiten stand anfangs nur etwas Geschriebenes, und monatelang, manchmal jahrelang fertigte ich keine Zeichnungen an. Aber der leere Platz war da, und das Bild kam oft viel später dazu. Umgekehrt füllte ich manchmal eine leere Seite mit irgendeinem Bild und schrieb erst später einen Text dazu, am Tag darauf oder aber einen Monat, ein Jahr oder gar fünf Jahre später. Wenn ich in alten Heften blättere, zeichne ich manchmal spontan etwas hinein. Das ist eine mir eigene Welt. Nicht weil sie geheim wäre, sondern weil ich hier frei bin und aus einem Gefühl heraus das Schreiben und Zeichnen vereinen kann. Als würde ich damit unbewusst das Blatt unterschreiben, zeichne ich wie von selbst eine LANDSCHAFT hin. An allem Anfang steht die LANDSCHAFT.

Für das Buch *Schnee*, das bei Everyman herauskommt, das Vorwort geschrieben. Hätte längst fertig sein sollen. Bin aber zu undiszipliniert, stehe immer wieder vom Schreibtisch auf etc. Egal, schreib jetzt, Orhan! Der Text zählt lediglich Tatsachen auf und hat dadurch etwas unmittelbar Politisches an sich, im Grunde schreibe ich ihn gerne ... Am Nachmittag im Büro gegenüber mit Kıymet und Murat fürs Museum gearbeitet. Den Hintergrund für Füsuns Zigarettenstummel ausgesucht, gelbliche Raufaser. Dann für die Rätsel in einer der Vitrinen in alten Kinderzeitschriften geblättert.

GLÄNZENDE ENTDECKUNG: MIT EINEM PINSELSTIFT ENTFACHE ICH AUF EINER ALTEN ANSICHTSKARTE VON BERLIN EINEN BRAND. AUCH MIT PASTELL macht es Spaß, die schwarzweiße Silhouette der Stadt zu bearbeiten. Ich signiere die eingefärbte Karte und schenke sie Kıymet. Dann die Melancholie vor einer Reise.

Früh aufgestanden, um nach ATHEN zu fliegen. Ich warte unten auf meinen Leibwächter Nuri und auf Murat vom İletişim Verlag, um 7.40 Uhr sind sie immer noch nicht da. Im Anflug auf Athen sage ich mir, halt dich zurück, Orhan, misch dich nicht in die türkisch-griechische Politik ein. Rasch aus dem Flugzeug rausgekommen. Nikos, Vassilis ... Wir umarmen uns. Vor genau 14 Jahren, 1997, war ich zur Vorstellung von *Das schwarze Buch* gekommen. Damals waren wir in Patras und Thessaloniki. Ein türkischer Faschist (ich weiß nicht, ob auf eigene Faust oder vom Staat gesteuert) hatte kurz zuvor von der Mauer des Patriarchats in Istanbul einen Priester erschossen. Griechische Faschisten nahmen dafür in Athen blutige Rache. Ich stand als türkischer Schriftsteller herum. Sie hätten auch mich umbringen können.

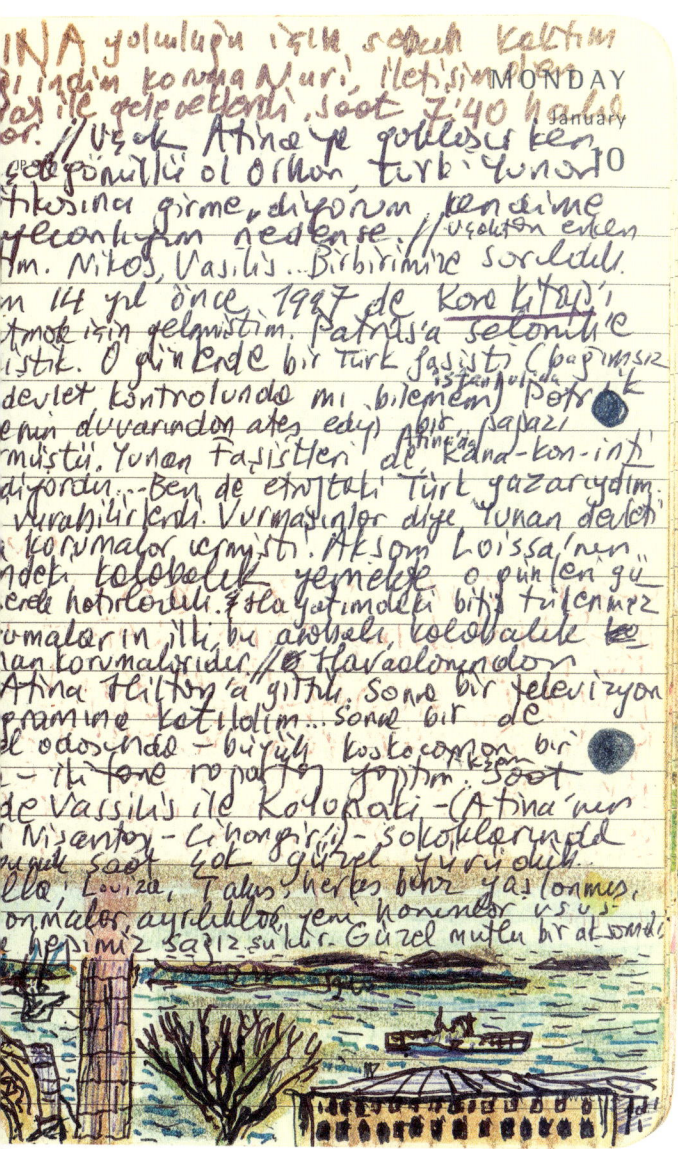

Damit ich nicht erschossen werde, hatten die griechischen Behörden mir damals Leibwächter zugeteilt. Beim Abendessen im Haus von Louiza denken wir amüsiert an jene Zeit zurück. Der motorisierte, vielköpfige Geleitschutz hatte die lange Reihe von Beschützern eingeleitet, die seit damals zu meinem Leben gehören. Vom Flugplatz zum Athener Hilton. An einer Fernsehsendung teilgenommen. Danach im riesigen Hotelzimmer zwei Interviews. Um sieben mit Vassilis ein anderthalbstündiger schöner Spaziergang in Kolonaki (das Athener Pendant zu Nişantaşı und Cihangir). Stella, Louiza, Takis, alle etwas gealtert, manche geschieden, getrennt, neue Frauen etc., aber alle gesund und munter. Ein ausgesprochen schöner Abend.

LANDSCHAFTEN

DIE AUSSICHT, ZU DER ICH IMMER WIEDER AUFBLICKE

Seit dreißig Jahren habe ich an meinem Schreibtisch diese Aussicht vor mir. Mit dem Füller schreibe ich Satz um Satz. Und als ich gerade dazu ansetze, den nächsten Satz zu schreiben und die Feder schon fast das Papier berührt, halte ich plötzlich inne und blicke auf. Warum tue ich das? Weil ich merke, dass an dem Satz in meinem Kopf irgendetwas nicht stimmt, irgendetwas hakt, sodass ich ihn nicht hinschreiben kann. Sobald ich das begreife, sehe ich unwillkürlich durch das große Fenster zu meiner Linken hinaus. Weil ich meine, dort die Lösung zu erblicken? Nein! Weil ich mir einbilde, es würde mir helfen, mich besser zu konzentrieren! Doch vielleicht stimmt auch das nicht: Wenn ich den Satz umschreiben und an ihm feilen will, wäre es da nicht hilfreicher, nicht die Aussicht ins Visier zu nehmen, sondern vielmehr das Papier, den Satz selbst? Vermutlich ja! Aus Erfahrung aber weiß ich, dass der Blick hinaus mir bei der Lösung des Problems auf die Sprünge hilft. Manchmal ist mir das bewusst, manchmal weiß ich es unbewusst. Der Ausblick gibt mir nämlich Kraft. Oder jedenfalls etwas, das ich als Kraft bezeichne.

Landschaften, 2024,
Aquarell auf Papier, Durchmesser je 24,2 cm

DER TROST DER AUSSICHT

Was für eine Art Kraft gibt mir die Aussicht? Warum blicke ich auf, sobald ich einem Problem begegne? Darüber habe ich beim Schreiben oft nachgedacht. Und nicht nur da, auch beim Hinaussehen selbst, und nachts, wenn ich nicht schlafen kann. Und ich bin auf Folgendes gekommen: Auch wenn es um dasselbe Thema geht, liefert nächtliches Nachdenken nicht das gleiche Ergebnis wie Nachdenken bei Tageslicht. Tagsüber bin ich stets zuversichtlicher gestimmt, in der Finsternis dagegen kommt Dämonischeres, Dunkleres zum Vorschein. Wenn ich an etwas zu knabbern habe, sei es ein Schreibproblem oder etwas ganz Allgemeines, fühle ich mich besser, sobald ich den Blick in die *Ferne* schweifen lasse. Und sobald ich mich besser fühle, gehe ich an das betreffende Problem aus einem anderen Blickwinkel und überhaupt optimistischer heran. Wenn der ferne Ort, zu dem meine Augen sich wie von selbst hinbewegen, noch dazu mit Schönheit gesegnet ist, umso besser. Die Kraft, zu der die Aussicht mir verhilft, gründet also darin, dass ich einen Augenblick lang fern von allem bin. Nach einem kurzen oder auch längeren Blick in die Ferne kehre ich mit frischer Kraft zu meinem Schreiben oder meinem Problem zurück. Vielleicht strebt ja deshalb jedermann zu Orten mit derartiger Aussicht oder will gar dort wohnen? Ganz Istanbul ist voller Hochhäuser, die darum wetteifern, einen Blick auf den Bosporus oder das Marmarameer zu bieten. Welche Aussicht aber ist die beste, schönste, und welche gibt uns die meiste Kraft?

DIE IDEALE AUSSICHT

Wer behauptet, die schönste Aussicht sei die, durch die wir genügend Kraft erlangen, um kurzfristig unsere Sorgen zu vergessen, mag recht haben. Jene Kraft, jenen inneren Frieden, der uns einen Augenblick lang zuteilwird, könnte man als Trost der Aussicht bezeichnen. Schon oft habe ich Istanbuler sagen hören: »Meine Wohnung ist ja nicht besonders schön, und mein Leben auch nicht, aber hier, von dieser Ecke aus, sehe ich den Bosporus!« Diese Menschen finden anscheinend nicht in Dingen oder Menschen Trost, sondern in jener Aussicht. Was also ist die perfekte Aussicht? Offenbar die, die den meisten Trost spendet. Andererseits kann jeder Mensch eine andere Aussicht als tröstlich empfinden. Jeder ist mit anderen Sorgen behaftet, und je nachdem, was er erlebt hat und woran er sich erinnert, sucht er in einer Aussicht nach einer bestimmten Art der Zerstreuung, der Ablenkung, des Vergessens. Dieser Logik zufolge gibt es für die Schönheit einer Aussicht keine objektiven Kriterien und demnach keine Aussicht, die jedermann zusagt. Und doch zeigt uns die Kunstgeschichte, dass der Mensch in Ost und West seit jeher auf der Suche nach der idealen Aussicht ist. Ein Beispiel dafür ist die chinesische Landschaftsmalerei mit ihren Kompendien zur Gestaltung entsprechender Bilder (im Idealfall sollen sowohl nahe als auch ferne Berge abgebildet sein, dazwischen ein Fluss oder ein Meer mit Inseln). Während die niederländischen Maler dem Thema weniger Beachtung schenkten, hatte es in Italien, wo man sich auf die idealen Proportionen des antiken Griechenlands bezog, Hochkonjunktur. Daher vielleicht die Vorstellung, in einer idealen Landschaft müssten griechische oder römische Ruinen vorkommen. Als ideale geometrische Form wiederum galt der Kreis. Ich jedenfalls bin zu der Überzeugung gekommen, die Aussicht von meinem Fenster enthält hinreichende Elemente einer »idealen Landschaft«. Am meisten Trost aber ging für mich natürlich vom Anblick des schönsten aller Schiffe aus, des Stadtdampfers Paşabahçe, der seit 1952 auf dem Bosporus und zwischen den Prinzeninseln verkehrt.

ISTANBUL IM NEBEL

Zwei, drei Mal im Jahr sind das Istanbuler Zentrum und der Bosporus in dichten Nebel gehüllt und der Schiffsverkehr wird eingestellt. Boote, die notgedrungen dennoch hinausfahren, warnen einander durch langanhaltendes, dumpfes Tuten vor einem Zusammenstoß und versetzen die Stadt in Aufregung. Wer gerade erst aufgewacht ist, hört aus dem Klang der Nebelhörner sofort heraus, wie es draußen aussieht.

Wenn ich beim Schreiben resigniert auf mein wirres Gekritzel voller Tintenflecken starre, auf den durch vieles Durchstreichen und Drüberschreiben schier unleserlich gewordenen Text, lausche ich zugleich immer auf die vertrauten Sirenen der Stadtdampfer, die im Nebel einen anderen Klang annehmen. Die Möwen stellen bei Nebel ihr Kreischen ein. Es entsteht eine ganz besondere Stimmung, die meine Fantasie beflügelt.

Auch wenn ich gerade nicht beim Schreiben hängenbleibe, blicke ich also auf und in den Nebel hinaus. Dabei gibt es dort kaum etwas zu sehen. Der um die Kuppel der Cihangir-Moschee wabernde seidenweiße Tüll hat alles verhüllt, was mir normalerweise Trost spendet. Weder sehe ich die fernen Berge, die mich inspirieren, noch die Prinzeninseln mit ihren vielen Erinnerungen, noch den *Paşabahçe*-Dampfer.

Warum erscheint mir dieser Anblick dennoch schön, warum macht er mich glücklich? Darüber habe ich viel nachgedacht. Es rührt wohl daher, dass mir Istanbul bei Nebel wieder vorkommt wie zu meiner Kindheit, weniger überlaufen, poetischer, naiver. Der Nebel bringt mir die Stadt wieder zurück, die durch Überbevölkerung, Modernisierung und Umweltverschmutzung ihre Seele verloren hat. Im Nebel erscheint mir Istanbul kleiner, schlichter, eher wie ein historischer Ort. Der Trost der fernen Berge und der Prinzeninseln, an die ich viele Erinnerungen knüpfe, wird durch einen romantischen Anblick ersetzt, der mich zum Schreiben historischer Romane anregt. Doch habe ich diesen Anblick nicht vor Augen, sondern im Kopf.

Angefangen habe ich mit den japanischen Leporellos 2012, also drei Jahre, nachdem der Maler in mir wieder erwacht war und ich mir Papier, Hefte, Stifte und Farben zugelegt hatte. Ich hatte damals noch kein Atelier, doch vor allem abends, wenn ich schon ein Gläschen getrunken hatte, kam wie von selbst der Wunsch in mir auf, etwas zu malen. Dann zeichnete ich manchmal etwas in die kleinformatigen Moleskine-Tagebücher, die ich stets mit mir führte. Deren Größe empfand ich jedoch als unzureichend, und sie waren ja auch eher zum Schreiben gedacht. Immer wieder verspürte ich ein Bedürfnis nach mehr Raum. Da kamen mir jene japanischen Skizzenbücher, die sich wie ein Akkordeon auffalten lassen, gerade recht. Während ich Seite um Seite mit Bildern füllte, ging jeweils der Fortsatz der vorhergehenden Seite vor mir auf, und das Büchlein schien kein Ende zu nehmen.

Die Alben umfassen jeweils 15,5 Doppelseiten im Format 9×14 cm, mir stand also eine Gesamtfläche ausgezeichneten Zeichenpapiers von 3906 cm² zur Verfügung, fast so viel wie ein Blatt Papier von 20×200 cm Größe. Es erfüllte mich mit großer Genugtuung, abends beim Ausgehen Zeichenpapier solchen Ausmaßes gefaltet bei mir zu tragen.

Die meisten Bilder fertigte ich auswärts an, als Gast bei einem Abendessen oder in einem Restaurant, in dem ich entweder allein mit Aslı saß oder auch umgeben von einer größeren Gesellschaft. Und in der Regel hatte ich dabei schon etwas getrunken. Nicht von ungefähr sind auf den meisten Bildern Weinflaschen, Teller, Gläser und vorbeihuschende Kellner dargestellt. Oft stehen auch kleine Texte dabei, die sich auf die bei Tisch angeschnittenen Themen beziehen.

In meiner Begeisterung über dieses neue »Projekt« freute ich mich anfangs über jede abendliche Einladung allein schon, weil ich mir dachte, »Hm, da kannst du wieder in dein japanisches Album zeichnen!« Und wenn ich mich doch einmal gegen das Ausgehen sträubte, wie das durchaus meine Art ist, überredete mich Aslı mit einem Verweis auf die Alben. Es kam auch vor, dass ich zu Hause in eines der Alben zeichnete, wenn ich mich mit Aslı unterhielt oder benebelten Kopfes die Poesie des Alltags oder eine Plauderei festhalten wollte, doch das meiste ist bei Restaurantbesuchen oder Einladungen entstanden, also jeweils an einem Esstisch, beeinflusst von dem, was um mich herum geredet wurde.

Manchmal steckte ich, bevor ich aus dem Haus ging, noch schnell ein neues Album von Moleskine (165 g/m²) ein; die Plastikhülle schlitzte ich dann an Ort und Stelle mit einer Gabel auf. Stets nahm ich auch ein paar schwarze und braune Pinselstifte japanischen Fabrikats mit, die zusammen mit Bleistiften zur Grundausstattung für mich zählten. Zurück zu Hause nahm ich mir das jeweilige Bild mit anderen Pinsel- und Buntstiften und Pastellfarben noch einmal vor, bis es »vollständig« war.

Vage schwebte mir vor, jene Bilder eines Tages zu veröffentlichen, doch erst eines sehr fernen Tages, dementsprechend zögerte ich die Sache hinaus. Die meisten Hefte, die bei mir im Archiv lagerten, wiesen noch leere Seiten auf und waren für mich somit noch nicht fertig. In der Regel schaffte ich es nämlich nicht, während eines Abendessens ganze 15 Doppelseiten auf zufriedenstellende Weise vollzubekommen. Ich musste sie also nachbearbeiten, um sie gewissermaßen zu »vollenden«.

Bereits als Gegenstand an sich wohnt den akkordeonartigen japanischen Alben bereits eine Schönheit inne, der ich gerecht zu werden trachtete, indem ich ihnen eine bestimmte Gestaltung ohne leere Seiten angedeihen ließ. Daher mein stetes Bemühen, noch weiter an den Bildern zu feilen und den Gedanken an eine Veröffentlichung oder eine Ausstellung immer weiter hinauszuschieben. Hinzu kommt, dass ich mich als Maler scheue, ans Licht der Öffentlichkeit zu treten, und selbst Freunden meine Arbeiten nur ungern zeige.

Im Hinblick auf die Ausstellung im Lenbachhaus gelang es mir schließlich, die Sache mit der »Vollendung« endlich energisch in Angriff zu nehmen. Ich schlug die im Verlauf von etwa zehn Jahren entstandenen über siebzig Alben eines nach dem anderen wieder auf und bearbeitete manche unter großer Sorgfalt, während ich an andere kaum rührte. Neben dem rein künstlerischen Aspekt haben die Alben für mich dokumentarischen Wert, spiegeln sie doch insbesondere wider, in welchem Gemütszustand ich mich zum Zeitpunkt ihres Entstehens befand. Ich kam mir vor wie beim Betrachten zehn Jahre alter Fotos und erinnerte mich nicht nur daran zurück, an welchen Orten ich damals mit wem zusammengesessen hatte und worüber gesprochen worden war, sondern es wurde in mir auch wieder lebendig, mit welchen Sorgen ich mich seinerzeit herumgeplagt hatte, welche Glücksgefühle mich erfüllten und wie ich überhaupt immer wieder Stimmungsschwankungen unterworfen war und sich parallel dazu meine Sicht auf die Welt änderte. Ohne mir dessen bewusst zu werden, hatte ich von jenen Abenden im Freundeskreis, von den Tischgesprächen und den gemeinsam verbrachten Stunden eine Art visueller Chronik verfasst. So wie ja die bildende Kunst im Willen und der Fähigkeit gründet, zwischen den eigenen Gefühlen und der Welt einen sinnhaften visuellen Zusammenhang herzustellen.

Daheim klappte ich manchmal die 15 Doppelseiten eines Albums ganz auf, um mein Werk auf einen Blick betrachten zu können, ohne umblättern zu müssen. Oder ich legte gleich drei oder vier Alben aufgefaltet auf dem Boden aus und las aus dem so entstandenen Bilderwirrwarr etwas Poetisches heraus, das mir unmittelbar dem Leben entsprungen schien. Auch gefiel es mir, mich theoretisch mit dem ästhetischen Genuss auseinanderzusetzen, den ich sowohl beim Malen als auch beim Betrachten empfand. Die japanischen Alben haben etwas von horizontal ausgerollten chinesischen Landschaftsbildern: Der Maler schafft keine Zentralperspektive, wie sie im Westen seit der Renaissance gültig war, sondern er entwirft eine multizentrische visuelle Welt, denn je weiter das Gemälde aufgerollt – bzw. das japanische Album aufgefaltet – wird, umso mehr Zentren entstehen, und es wird immer schwieriger, den Überblick zu behalten. Die durch ständig wechselnde Perspektiven ausgelöste »Widersprüchlichkeit«, von der in der westlichen Malerei zu viel Aufhebens gemacht wird, verbirgt sich hinter fernen Bergen bzw. – auf meinen Bildern – hinter den Figuren, die wirken, als würden sie allesamt an einem sehr langen Tisch sitzen.

Wenn sich meine Bilder wie beim Aufrollen einer chinesischen Bilderrolle allmählich entfalteten, war ich in ständiger Erwartung, irgendein Geheimnis zu entdecken, ein neues Detail, einen Baum, einen Berg oder sonst irgendetwas. Hatte ich an einem Album etwas auszusetzen, feilte ich daran herum und fügte Wörter oder Sätze hinzu. Bei Tisch mit Bleistift skizzierte Figuren arbeitete ich manchmal mit dem Pinselstift aus. An Tagen, an denen ich mit meinen Alben zufrieden war, steckte ich abends beim Ausgehen manchmal nicht nur ein paar Stifte ein, sondern nahm gleich einen ganzen Beutel grauer, brauner und schwarzer Pinselstifte unterschiedlicher Beschaffenheit mit.

Aslı machte es nichts aus, wenn ich in ihrer Gegenwart mein Album herausholte und zu zeichnen anfing, sie hatte sich daran gewöhnt. Wenn es allerdings bei einem Essen recht steif und förmlich zuging und die Anwesenden sich meiner Ansicht nach zu ernst nahmen oder aber vermehrt politische Themen angeschnitten wurden, befürchtete ich bisweilen, den Eindruck zu erwecken, ich wäre angesichts der bedrückenden Weltlage zu sehr mit mir selbst beschäftigt, und dann war mir nicht mehr wohl dabei, wenn neben meinem Teller Album und Stift lagen. Manchmal suchte ich mir dann ein Plätzchen aus, an dem ich meiner Zeichnerei ungestörter nachgehen konnte. Oft füllte ich ein paar Seiten mit raschen Skizzen und hielt wieder inne, wenn etwa unter großem Hallo das Hauptgericht serviert wurde, mich ein Tischgenosse mit einem spöttischen Blick bedachte oder ich mit dem Gezeichneten unzufrieden war. Der geeignetste Moment, um die Menschen am Tisch und ihre Gespräche festzuhalten, ist unfraglich, wenn ein Essen seinem Ende entgegengeht.

Mir gefällt der Gedanke, dass ein glücklicher Maler nicht unter Einsatz von Intelligenz und Logik vorgeht, sondern sich einer Strömung überlässt, einer Tradition, und malt, was seine Hand ihm vorgibt. Dieses Thema habe ich in meinem Roman *Rot ist mein Name* bearbeitet, der gegen Ende des 16. Jahrhunderts spielt. Die darin vorkommenden Miniaturmaler sind der Auffassung, in ihren gelungensten Momenten würden nicht sie selbst malen, sondern ihre Hände. Am eindrucksvollsten wird ihnen dieser romantische, mystische Gedanke zuteil, wenn sie fasziniert der eigenen Hand dabei zuschauen, wie sie den Pinsel führt. Die besten Seiten meiner japanischen Alben wiederum sind entstanden, wenn ich in ähnlicher Seelenverfassung nach ein, zwei Gläsern Wein in mir auf einmal den Eifer verspürte, mich »künstlerisch« zu betätigen. In jenen glücklichen Augenblicken fühlte ich mich wie ein pointillistischer Maler, dessen Hand rasch übers Papier fährt.

Die häufigste Reaktion von Tischgenossen auf meine Porträtskizzen lautet: »Ach, das soll ich sein?« Dann fühlt der jeweilige Mensch sich nicht richtig »getroffen«. Zum eigenen Trost antworte ich darauf standardmäßig: »Das bist nicht du, das ist ein Bild, das ich von dir gemacht habe.« Es gibt aber auch höfliche Menschen, die gerne lobend sagen: »Das sieht ja wirklich aus wie ich!« Und solche, die nicht nur hinnehmen, gezeichnet zu werden, sondern mich auch noch ermutigen: »Lass mal sehen! Schön geworden, weiter so!« Immer wieder kommt es auch vor, dass zum Abschluss eines Essens die Gäste mein Album über den ganzen Tisch hinweg ausbreiten und einander quietschvergnügt darauf hinweisen, was ich alles gezeichnet und an Gesprächsfetzen festgehalten habe. Manch einer erahnt dabei, was im Verlauf des Abends an leerem Geschwätz zusammengekommen ist, an merkwürdigen, ja abstoßenden Worten, und macht in meinen Alben Satire, Kritik und Ironie aus. Das mag einer der Reize sein, die von den Alben ausgehen, doch steht es bei mir, wenn ich gerade zeichne, nie im Vordergrund.

Am unangenehmsten war, als einmal die Frau eines Bekannten, mit dem ich mehrmals essen gegangen war, vorwurfsvoll zu mir sagte: »Damit machst du dich doch über uns lustig!« So etwas ist noch nie meine Absicht gewesen. Außerdem halte ich auf den Zeichnungen ja auch fest, was ich selbst an Unüberlegtem und politisch Unausgegorenem von mir gebe. Und wenn ich die Skizzen nach einer Weile zeige, weiß kaum noch jemand, wen die windschiefen Gestalten eigentlich darstellen sollen. Meist habe ich auch nicht notiert, wann und wo ich an welchem Tisch mit welchen Leuten beisammensaß (was mich inzwischen reut). Und wo ich doch etwas aufschrieb, ging es mir nicht um den jeweiligen Tisch, das Haus, das Restaurant und die Leute als solche, sondern ums Archivieren und Erinnern. Nicht die Menschen und ihre Worte waren mir wichtig, sondern die seelischen Regungen, die solche Tischgesellschaften in mir auslösten.

Es kann sein, dass meine karikaturenhafte Darstellung einiger Personen und gewisse Sprüche, die ich von ihnen notiert habe, sie schlechter aussehen lassen, als sie in Wirklichkeit sind. Falls die Leporellos einmal als Buch herauskommen oder ausgestellt werden, möchte ich den einen Satz voranstellen, den ich in einem der Alben einmal spontan hinschrieb: »Das sind gute Menschen.« Die Person, die man in den Alben wohl am leichtesten wiedererkennen würde (abgesehen von mir in meinen »Selbstporträts«), ist meine Frau Aslı, die für Spott und Zynismus nicht viel übrighat und mich gerne ermahnt, wenn ich mich zu dergleichen hinreißen lasse. Kritisiere ich Bekannte von uns mit zu spitzer Zunge, erinnert sie mich oft daran, dass es doch gute Menschen seien. Moralismus aber, sei es in der Malerei oder in der Literatur, wirkt sich verengend aus und beeinträchtigt sowohl Schönheit als auch Tiefgang.

Und da schon von der allgemeinen Bedeutung dieser Alben die Rede ist, möchte ich noch Folgendes anmerken: Beim Zeichnen hatte ich jeweils nur immer eine Doppelseite vor mir, und von dem insgesamt 2 Meter 80 langen Zeichenpapier war ich stets nur mit diesem einen Fenster beschäftigt.

Das verweist auf einen bedeutenden Unterschied zwischen dem Malen und dem Verfassen eines Romans. Beim Malen haben wir mühelos stets das Ganze im Blick, während wir beim Schreiben das von uns kreierte Gebilde nur immer als Erinnerung im Kopf behalten, als Gedanken. Wenn man als Maler mit einem Detail unzufrieden ist, kann man jederzeit, und sei es auch ein riesiges Fresko, von seinem Bild zurücktreten, besagtes Detail innerhalb des Gesamtbildes neu bewerten und gegebenenfalls überarbeiten. Wenn hingegen ein Autor an einer Stelle seines Romans hängen bleibt und ihr vielleicht zu viel Bedeutung zumisst, muss er, um sich über ihren Stellenwert klar zu werden, den ganzen Roman noch einmal lesen. Die Gesamtkonzeption eines Gemäldes nie aus den Augen zu verlieren, gilt seit der Renaissance als verbindliche Regel. Nur ein solcher Ansatz hebt ein Bild über das rein Ornamentale hinaus. Daher der so typische Schritt eines Malers weg von seiner Leinwand.

Um bei der Arbeit an meinen japanischen Alben den Überblick zu behalten, musste ich mich wie ein Romanautor verhalten. Daher vielleicht auch die kleinen Texte, die ich zu den Figuren schrieb; doch mögen diese vor allem daher rühren, dass ich das Bild, das ich in mir trug, jeweils mit dem Schreiben verbinden wollte. Und dann saßen ja auch die Menschen, die ich zeichnete, stets um mich herum am selben Tisch. Selbst wenn ich von meinem Zeichenpapier nur ein Fünfzehntel vor mir hatte, wusste ich doch, dass sich bei fortschreitender Arbeit die Komposition nicht ändern würde und auch auf den anderen Seiten Bilder und Worte der vertrauten, untereinander und mit mir sprechenden Schatten auftauchen würden. (Wobei es auch vorkam, dass ich verstohlen jemanden vom Nebentisch skizzierte.) Um den Bildaufbau hatte ich mich also bei diesen Alben nur wenig zu kümmern, wogegen ich beim Malen eines Landschaftsbildes, ob ich nun eine Heftseite vor mir habe oder richtiges Zeichenpapier, ständig abwäge, welche allgemeine Wirkung ich damit erzielen werde. Wohl aus diesem Grund fertige ich Landschaftsbilder am liebsten aus dem Gedächtnis heraus an, oder einer inneren Vorstellung folgend. Bei figurativen

Menschendarstellungen dagegen sollte man seine Modelle lieber vor sich haben, das haben mir diese Alben wieder in Erinnerung gerufen. Doch wie es bei Landschaftsbildern darum geht, die vom jeweiligen Anblick ausgelösten Gefühle zu erforschen, so war es bei diesen japanischen Alben das Bestreben des Malers und Autors, die Gefühle festzuhalten, die von jenen Menschen ausgingen, von jenen Tischen, jenen Räumen, jenen Gesprächen.

Das sind gute Menschen, 2012–2024,
Bleistift, Buntstift, Tusche auf Papier, Maße variabel

    Das sind gute Menschen

Das sind gute Menschen

Das sind gute Menschen

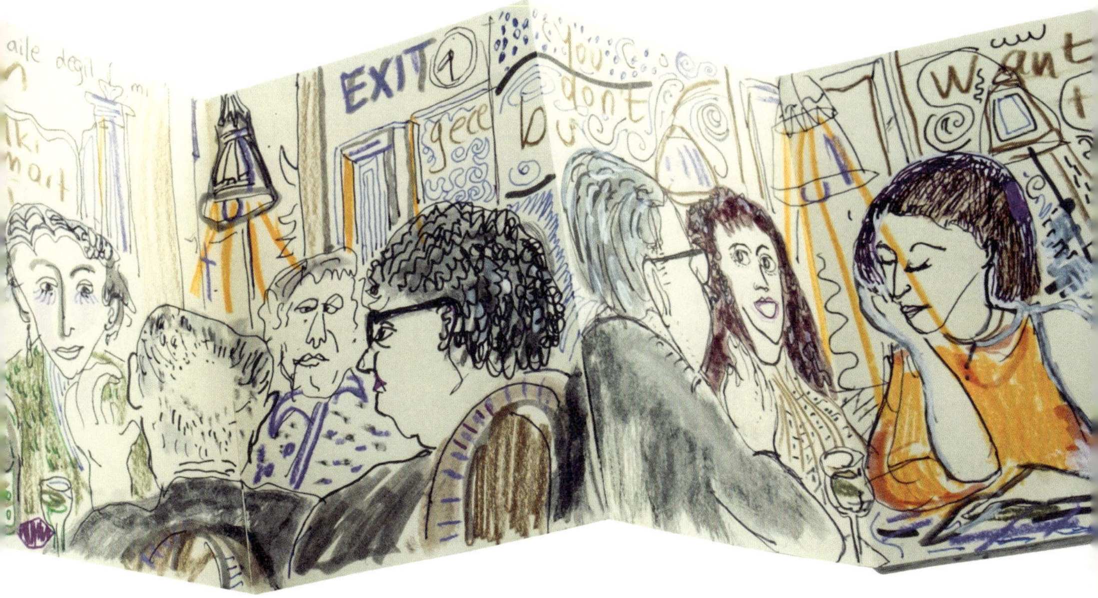
EXIT
gece
you
dont
want

Yeah!
responses to it
There is no point in
you've never had
Cheers!
absolutely
excuse me
probably
Times square

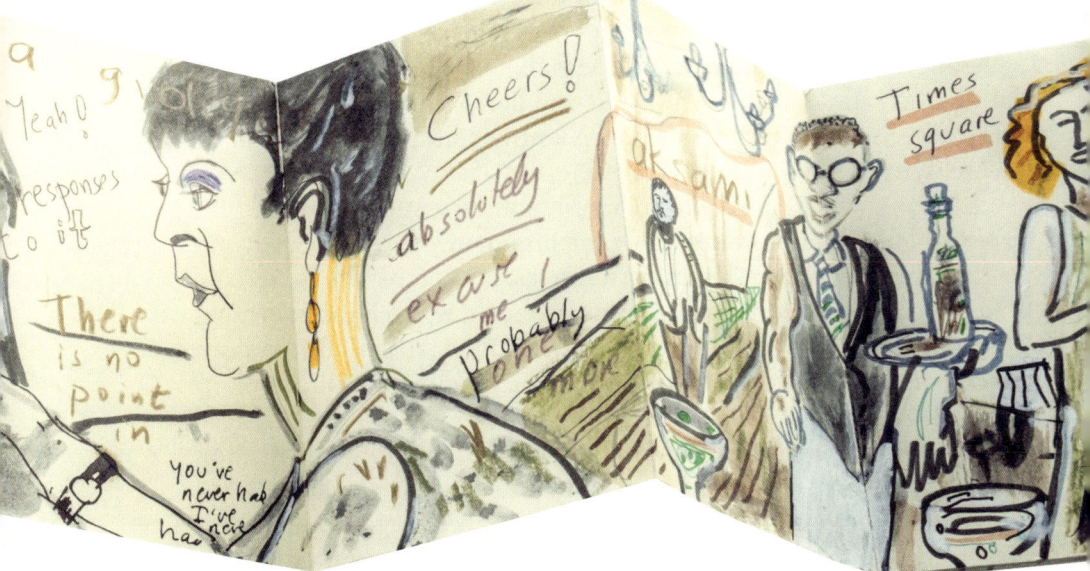

DIE NÄCHTE DER PEST

Von April 2018 an ging ich jeden Donnerstag zum Malen ins Atelier der befreundeten Malerin İnci Eviner im Stadtviertel Hasköy am Goldenen Horn. Ich dachte mir, in einem Atelier würde ich disziplinierter und intensiver zu Werke gehen als zu Hause, wo der anstehende Roman auf mich wartete.

So war es denn auch. Bis im März 2020 Corona uns alle zu Hause einsperrte, arbeiteten die Malerin und ich im selben großzügigen Ambiente, aber an zwei getrennten Tischen, an denen wir uns gegenseitig nicht sahen, und ich muss sagen, dass ich mit der Atmosphäre der damals entstandenen Bilder durchaus zufrieden bin. Ich setzte danach die Bilderreihe in meinem eigenen Atelier fort. Damals schrieb ich an dem historischen Roman *Die Nächte der Pest*. Neben den Memoiren von Ärzten aus jener Zeit dienten mir als hauptsächliche Inspirationsquelle um die Jahrhundertwende angefertigte Fotos aus dem Osmanischen Reich Sultan Abdülhamits II., der sich für die Fotografie begeistert hatte, ferner die Kataloge großer europäischer Kaufhäuser und Händler sowie Darstellungen von Krankenhäusern und von damals grassierenden Krankheiten. Fasziniert war ich von den bis zu tausend Seiten umfassenden Katalogen insbesondere der Kaufhäuser Harrod's in London und Sears in Chicago, in denen gegen Ende des 19. Jahrhunderts jeder einzelne Artikel in Schwarz-Weiß abgebildet war. Da die Fotografie damals teuer und noch nicht weit verbreitet war, gab es dafür Katalogzeichner, ein heute längst ausgestorbener Beruf, von dem ich mir allerdings wünschen würde, ein Kurator widmete ihm eines Tages eine Ausstellung. Ich mag die damaligen Kataloge auch deshalb, weil sie mich von der Linienführung und den Schraffuren her an die Bilderhefte meiner Kindheit erinnern (zumeist italienische Westerngeschichten aus den Fünfzigerjahren).

Nicht nur bei den *Nächten der Pest*, sondern auch bei dieser Bilderreihe habe ich mich von Katalogzeichnungen sowie von Fotos und Grafiken der damaligen Zeit inspirieren lassen. Allerdings stellen die Bilder keine Illustrationen von Romanszenen dar, ich habe also nicht zuerst den Roman geschrieben und dann Bilder dazu gemalt, sondern vielmehr erst die Bilder geschaffen und mich beim Schreiben von ihnen anregen lassen.

Ein Beispiel: Bei der Romanrecherche in Sammlungen und alten Büchern bin ich auf eine hundertsieben Jahre alte Ansichtskarte gestoßen, auf der Jungen im Tigris mit Käschern fischen. Mit bunten Pinselstiften habe ich daraufhin selbst ein paar ähnliche Bilder gemalt, mir so die Szene einverleibt und sie schließlich in meinen Roman integriert, indem ich mir vorstellte, in den schlimmsten Tagen der

Seuche würden die Insel Minger und ihre Hauptstadt Arkaz durch fischende Kinder vor einer Hungersnot bewahrt. Ohne also den Roman zu illustrieren, half die Bilderserie mir dabei, mich in eine bestimmte Szenerie hineinzudenken, in die Kleidung der damaligen Zeit, die Pressesprache, in die ganze Atmosphäre des Romans. Meiner Ansicht nach schreibt es sich als Romanautor über Dinge, Personen oder Landschaften leichter, wenn man sie vorab fotografiert oder gemalt hat.

Die Nächste der Pest, 2020–2023,
Aquarell und Tusche auf Papier, je 21 × 29,7 cm / 29,7 × 21 cm

Die Nächte der Pest

Die Nächte der Pest

Hamidiye Hastahanesinde göz tabibinin çocukların gözlerini 1900 yılında

Istanbul uçurulan ilk balon 1901

The greatest
novelty of
the age

Climbing
painter

representing
life in all its
movements

Climbs
the
string
moving
arms
and legs

A handsome
and
pleasing
novelty

Alman Rotweil Şirketi
Mavzer tüfekleri için
lazım
en ala
baruta
sahiptir

Mateesüf
bu şirketler
Tophane-i
Amire'den yetərli
tahsisat alamadık
larından Istanbul
daki barut üretimi
gühercile yokluğu
yüzünden

Preas Bismark
Prusya sefaretine
çektiği telgrafla
bu barut
şirketinin

durma
noktasındadır.

MÖWEN

Schon seit der Eröffnung meines Museums der Unschuld lässt mich der Gedanke nicht los, es sei eigentlich noch nicht richtig fertig und es gebe noch so viel zu tun und auszustellen. Vor allen Dingen mussten die mit rotem Seidenstoff verhängten unvollendeten Vitrinen fertiggestellt werden. 2022, zum zehnjährigen Bestehen des Museums, konnte ich durch sechs neu gestaltete Vitrinen dieses Manko etwas beheben. In einer davon ist ein Möwenbild ausgestellt, das Füsun malt, als sie sich gegen Ende des Romans zu Hause langweilt.

Inspiriert von den Fotos, die ihr Mann geschossen hat, macht sie sich daran, alle Vögel Istanbuls zu malen. Im Juni 2021 beschloss wiederum ich, einen davon zu malen, eine Möwe, oder, genauer gesagt, eine Istanbuler Möwe. Ende Juni erschallen in ganz Istanbul und insbesondere am Bosporus-Ufer die Schreie der Möwen, die ihre Jungen beschützen wollen. Zunächst fotografierte ich sie. Im Mai bauen sie auf Dächern, Moscheekuppeln, alten Häusern, Anlegestellen und in allen möglichen Ecken ihre Nester, brüten dort im Juni ihre Jungen aus, füttern und päppeln sie auf und stoßen dabei unentwegt schrille Schreie aus. Wegen jenes Getöses schlafen viele Istanbuler im Juni nur bei geschlossenem Fenster. Doch nach einer Weile gewöhnt man sich daran. Das Möwenkreischen ist ja zugleich der Vorbote neuer Zuversicht, eines neuen Sommers, dafür nimmt man etwas Schlaflosigkeit in Kauf.

An der Anlegestelle, an der ich gewöhnlich schwimmen gehe, hatten sich im Sommer 2021 ein paar Möwenfamilien niedergelassen. Wir beäugten uns gegenseitig. Wenn ich morgens zum Meer hinunterging und dabei an die Zeilen dachte, die ich an dem Tag schreiben würde, wachten die Möweneltern von einem Dach, einer hohen Mauer oder einem Balkongitter aus über ihre Jungen, die auf der Betonfläche vor meinem Haus oder dem meiner Nachbarn dahinwackelten, und ich spürte, wie sie dabei auch mich nicht aus den Augen ließen. Sobald ich auf meinem Weg zum Meeresbad den Jungen zu nahe kam, stimmten die Möweneltern ihr Gekreische an, und mir kam der Gedanke an eine Kurzgeschichte über einen Autor, der sich wegen solchen Radaus nicht auf seinen Roman konzentrieren kann. Den ganzen Sommer über fotografierte ich die Möwen, malte schließlich mit Wasserfarben, Acryllack, Pinselstiften und Tusche an die fünfzig Bilder von ihnen und sann über die Geschichte eines Autors nach, bei dem Möwen zur fixen Idee werden ...

Ich malte glückselig meine Möwenbilder, färbte die aufgerissenen Schnäbelchen, brachte mit verträumten Pinselstrichen die wundersamen Federn zum Leben und geriet dabei manchmal so sehr in Verzückung, dass ich die Möwenschreie nachahmte und über mich selbst schmunzeln musste. So wie wir uns mit den Figuren identifizieren, die wir in einem Roman entwickeln, verschmelzen wir auch mit dem, was wir malen, zu einer geradezu mystischen Einheit. Den höchsten Genuss empfinden wir beim Malen, wenn wir das Gefühl haben, selbst jener Vogel, jener Gegenstand, jener Mensch, ja sogar jene Landschaft zu sein, die wir darstellen. Ich malte jene Möwen, um wie eine Möwe zu sein. Ihre rosa Schnäbel, die dünnen Beinchen, der komische Hintern kamen mir vor wie mein eigener Mund, meine eigenen Beine, mein eigener Hintern. Vor lauter eifrigem Zeichnen und Malen von Möwen wurde ich gleichsam selbst zur Möwe. Das Schreiben wie das Malen ist schließlich die Kunst, sich mit dem, was man darstellt, zu identifizieren.

Möwen, 2021,
Aquarell und Tusche auf Papier,
je 29,7 × 21 cm

Möwen

Möwen

Für dieses Bild habe ich sehr lange gebraucht, wohl an die fünfzehn Jahre. Noch immer nehme ich es mir ab und an vor, arbeite mit diversen Stiften sorgfältig daran, füge ein Wort hinzu, einen Buchstaben, einen Baum, eine Blume. Hier der Text, den ich mit Rotstift auf den Hügel rechts oben geschrieben habe:

»Nach betrüblichen Vorkommnissen, die sich im Jahre 1609 ereigneten, zogen die vom ehrwürdigen Scheich İbni Zerhani abstammenden Hurufisten und Miniaturmaler sich in FERNE BERGE zurück, um ihr Leben zu retten. 1928 erklärten sie, sie würden den Wechsel zu den lateinischen Buchstaben akzeptieren, und behaupteten somit, ihrem Glauben abgeschworen zu haben. Bekanntlich setzten sie die alten Traditionen hingegen fort und malten heimlich weiter Bilder aus arabischen Buchstaben.«

Dieses Zitat wird dem Kunsthistoriker Malik Aksel zugeschrieben, der als Erster in der Türkei einen Band mit Hurufi-Bildern herausbrachte, und es entstammt seinem Werk *Die Geschichte heimlicher Bilder bei den Türken*, das er zu Lebzeiten nur auszugsweise veröffentlichen konnte. Wer herausfinden möchte, um wen es sich bei jenem Scheich İbni Zerhani aus dem Zitat genau handelt, der muss meinen Roman *Das schwarze Buch* lesen.

Dass ich hier die Hurufisten erwähne, bedeutet allerdings keineswegs, dass den Buchstaben in diesem Bild eine geheime Bedeutung innewohnt. Es handelt sich ja nicht einmal um ein Hurufi-Bild aus lateinischen Buchstaben, denn die dominierenden Umrisse der Berge sind nicht aus Buchstaben gestaltet. Ich habe schlicht und einfach zuallererst eine Berglandschaft gemalt und dann begonnen, wie die chinesischen Landschaftsmaler darauf zu schreiben, aber eben mit lateinischen Buchstaben, die sich nicht wie etwa arabische Buchstaben oder chinesische Schriftzeichen harmonisch in das Bild einfügen und eigene bildnerische Eigenschaften aufweisen. Daher wohl auch mein fortwährender Wunsch, immer neue Sätze, Wörter und Buchstaben hinzuzufügen. Irgendwie bin ich nie endgültig zufrieden, als wiese das Bild ein immerwährendes Manko auf.

Der Buchstabenberg, 2009,
mit Überarbeitungen des Künstlers bis heute,
Aquarell und Tusche auf Papier,
50 × 40,5 cm

ANHANG

Orhan Pamuk, geboren am 7. Juni 1952 in Istanbul, ist einer der bekanntesten Schriftsteller der Türkei und der erste türkische Autor, dem der Nobelpreis für Literatur verliehen wurde. Sein Oeuvre umfasst Romane, Memoires und Essays und wurde in 64 Sprachen übersetzt. Seit der Eröffnung seines Museums der Unschuld (Masumiyet Müzesi) in Istanbul im Jahr 2012 ist er darüber hinaus als bildender Künstler und visionärer Ausstellungsmacher bekannt. In den vergangenen Jahren widmeten sich zudem mehrere Ausstellungen und Künstlerbücher seinem Schaffen als Fotograf und Chronist der Stadt Istanbul. Die Fotobände *Balkon* und *Orange* erschienen 2018 bzw. 2020.

Orhan Pamuk studierte Journalismus und Architektur und wollte zunächst Maler werden, bevor er sich in den 1970er Jahren der Schriftstellerei zuwendete. Bald entstand sein Debütroman *Cevdet und seine Söhne*, mit dem er 1979 einen Romanwettbewerb gewann und der 1982 erschien. Mit seinem 1983 veröffentlichten Folgeroman *Das stille Haus* gewann er 1991 den Prix de la découverte européenne, mit *Die weiße Festung* (1985) 1990 den Independent Award for Foreign Fiction. 2003 erhielt er den IMPAC Dublin Award für *Rot ist mein Name*, einen historischen Roman über Miniaturmaler im osmanischen Istanbul, der den Konflikt zwischen traditionellen Sehgewohnheiten und modernen Maltechniken thematisiert. Ein Jahr zuvor hatte der liberale türkische Autor seinen ersten politischen Roman veröffentlicht, *Schnee*, der international großes Aufsehen erregte und in der Türkei zu kontroversen Diskussionen führte. Im Jahr 2006 erhielt Orhan Pamuk den Nobelpreis für Literatur. In der Begründung hieß es, er habe »auf der Suche nach der melancholischen Seele seiner Heimatstadt eine neue Symbolik für das Aufeinandertreffen und Verschmelzen von unterschiedlichen Kulturen gefunden«.

Das Museum der Unschuld ist zugleich der Titel eines Romans von Orhan Pamuk als auch der Name seines Museums im Herzen Istanbuls. Untergebracht in einem ehemaligen Mehrfamilienhaus aus dem 19. Jahrhundert im Istanbuler Bezirk Çukurcuma, rekonstruiert das Museum das Leben zweier Istanbuler Familien unter Verwendung von Readymades, Gegenständen aus vergangenen Zeiten, Nippes und Alltagsobjekten wie Zigarettenstummeln, Küchenutensilien, Bildern, Werbefilmen, Postern und Fotografien. In Orhan Pamuks Worten ist das Museum »eine bescheidene Sammlung tatsächlich existierender und frei erfundener Objekte, die das Alltagsleben Istanbuls wiederspiegeln«. Museum und Roman wurden gleichzeitig konzipiert. 2014 wurde das Museum als European Museum of the Year ausgezeichnet.

Lebende Institution und Kunstprojekt zugleich, lädt das Museum als Teil von Orhan Pamuks kontinuierlicher künstlerischer Entwicklung zu einer anregenden und inspirierenden Diskussion über die Themen an, die der Autor seit 45 Jahren in seinen Werken vorantreibt: wie der Kulturwandel unsere Denkgewohnheiten verändert, wie sich Orient und Okzident zueinander verhalten, wie Erinnerungen und Erzählungen Museen und deren Sammlungen beeinflussen.

MEIN DANK GILT
FOLGENDEN PERSONEN:

Gregor Sunder-Plassman, Brigitte Sunder-Plassman, Johanna Sunder-Plassman und Carlotta Werner
Ausstellungsgestaltung des Museums der Unschuld in Istanbul

İdil Deniz Ergün
Direktorin des Museums der Unschuld

Kıymet Daştan
Art Direktorin im Studio-Team des Museums der Unschuld

Hazal Çınar Özalp
Visuelle Koordinatorin

Doğa Gürman, Tuğçe Kocabaş, Aylin Zaptçıoğlu
Künstlerisches Team

Başak Bugay
Keramik und Skulpturen

Görkem Ergün
Digital Image Processing

Evren Kıvançer
Restauratorin

Enis Malik Duran, Mehmet İşcan
Kalligrafie

Hamid Binandeh
Skulpturen

Berke Can Özcan
Musik für »Israfils Trompete«

Cem Özalp
Automatisierung und 3D-Modellierung

Emre Dörter, Begüm Yamanlar
Fotografie

Aleksandr Godovanets
Staatliche Kunstsammlungen Dresden

Marcus Lilge
Architekturdesign

Sandra Doeller
Gestaltung des Buches

TEXTQUELLEN

Orhan Pamuk
Das schwarze Buch
Gebundenes Buch,
1. Auflage 1995
Übersetzt von Ingrid Iren
22,1 × 14,5 cm, 512 Seiten
Carl Hanser Verlag
ISBN 978-3-446-17389-7

Orhan Pamuk
Das neue Leben
Gebundenes Buch,
1. Auflage 1998
Übersetzt von Ingrid Iren
20,8 × 13,4 cm, 352 Seiten
Carl Hanser Verlag
ISBN 978-3-446-19289-8

Orhan Pamuk
Rot ist mein Name
Gebundenes Buch,
1. Auflage 2001
Übersetzt von Ingrid Iren
22 × 14,5 cm, 560 Seiten
Carl Hanser Verlag
ISBN 978-3-446-200579

Orhan Pamuk
Istanbul
Gebundenes Buch,
1. Auflage 2006
Übersetzt von Gerhard Meier
21,9 × 15,1 cm, 432 Seiten
Carl Hanser Verlag
ISBN 978-3-446-20826-1

Orhan Pamuk
Das Museum der Unschuld
Gebundenes Buch,
1. Auflage 2008
Übersetzt von Gerhard Meier
21,7 × 15 cm, 576 Seiten
Carl Hanser Verlag
ISBN 978-3-446-23061-3

Orhan Pamuk
Cevdet und seine Söhne
Gebundenes Buch,
1. Auflage 2011
Übersetzt von Gerhard Meier
21,9 × 15,3 cm, 672 Seiten
Carl Hanser Verlag
ISBN 978-3-446-23639-4

Orhan Pamuk
Die Unschuld der Dinge
Gebundenes Buch,
1. Auflage 2012
Übersetzt von Gerhard Meier
23,6 × 19,5 cm, 246 Seiten
Carl Hanser Verlag
ISBN 978-3-446-24057-5

Orhan Pamuk
Die Nächte der Pest
Gebundenes Buch,
1. Auflage 2022
Übersetzt von Gerhard Meier
21,8 × 15,3 cm, 696 Seiten
Carl Hanser Verlag
ISBN 978-3-446-27084-8

Orhan Pamuk
Erinnerungen an ferne Berge
Paperback, 1. Auflage 2023
Übersetzt von Gerhard Meier
16 × 15 cm, 400 Seiten
Carl Hanser Verlag
ISBN 978-3-446-27841-7

ORHAN PAMUK.
DER TROST DER DINGE
Städtische Galerie im
Lenbachhaus und Kunstbau
München
17. Mai – 13.Oktober 2024

In Kooperation mit den
Staatlichen Kunstsammlungen
Dresden, DOX Centre for
Contemporary Art in Prag
und dem Museum der
Unschuld in Istanbul

Mit freundlicher Unterstützung des Förderverein
Lenbachhaus e.V.

Medienpartner:
ARTE und Bayern 2

AUSSTELLUNG

Kuratiert von:
    Melanie Vietmeier
    Matthias Mühling
Grafische Gestaltung:
    strobo B M Visuelle
    Kommunikation, München
Geschäftsleiter:
    Hans-Peter Schuster
Wissenschaftliche Mitarbeit:
    Nicholas Maniu
Bildung und Vermittlung:
    Mona Feyrer
    Annabell Lachner
Restaurierung:
    Elline von Monschaw
    Franziska Motz
    Daniel Oggenfuss
    Isa Päffgen
    Chantal Wiertzoch
Organisation:
    Stefan Kaltenbach
Fotoatelier:
    Simone Gänsheimer,
    Ernst Jank
    Lukas Schramm
Kommunikation:
    Laura Diel
    Beate Lanzinger
    Ekaterina Mahboub
    Franka-Maria Schlund
    Jacqueline Seeliger
    Claudia Weber
    Lioba Zangenfeind
Museumsdienste:
    Andreas Hofstett,
    Stefan Terhorst
    Sabine Winzenhöler
Verwaltung:
    Alaaddin Gülten
    Siegfried Häusler

Birgit Kammerer
Judith Kellermann
Sabine Kippes
Thomas Staska

Die neuen Kunstwerke, die
im Zwiegespräch mit den
Dresdner Sammlungen ent-
standen sind, wurden mit der
großzügigen Unterstützung
von MUSEIS SAXONICIS
USUI – Freunde der Staatlichen Kunstsammlungen
Dresden e.V. im Jahr 2023
produziert.

MUSEUM DER UNSCHULD,
ISTANBUL

Orhan Pamuk
Direktorin:
    İdil Deniz Ergün
Art Direktorin:
    Kıymet Daştan
Visuelle Koordinatorin:
    Hazal Çınar Özalp

PARTNER DER
WANDERAUSSTELLUNG

Staatliche Kunstsammlungen
Dresden
DOX Centre for
Contemporary Art, Prag

LENBACHHAUS

Direktor:
    Matthias Mühling
Geschäftsleiter:
    Hans-Peter Schuster
Sammlungsleiterinnen:
    Karin Althaus
    Eva Huttenlauch
    Melanie Vietmeier
Kuratorin für
Gegenwartskunst:
    Stephanie Weber
Wissenschaftliche
Mitarbeiterin:
    Susanne Böller
Wissenschaftliche Mitarbei-
terin im Rahmen der UKRAINE-
Förderlinie der Ernst von
Siemens Kunststiftung zu-
sammen mit der Hermann
Reemtsma Stiftung:
Oksana Oliinyk
Provenienzforschung,
Sammlungsarchiv:
    Sarah Bock
    Franziska Eschenbach
    Lisa Kern

Wissenschaftliches
Volontariat:
    Nicholas Maniu
    Johannes Michael
    Stanislaus
Wissenschaftliche
Assistentin des Direktors:
    Elisabeth Giers
Bibliothek:
    Adrian Djukić
Bildung und Vermittlung:
    Mona Feyrer
    Annabell Lachner
    N. N.
Volontariat Bildung und
Vermittlung:
    N. N.
Registrar*innen:
    Stefan Kaltenbach
    Susanne Nolting
    Karola Rattner
Restaurierung:
    Elline von Monschaw
    Franziska Motz
    Daniel Oggenfuss
    Isa Päffgen
Volontariat Restaurierung:
    Chantal Wiertzoch
Kommunikation:
    Beate Lanzinger
    Ekaterina Mahboub
    Franka-Maria Schlund
    Jacqueline Seeliger
    Claudia Weber
    Lioba Zangenfeind
Assistentin des Direktors:
    Lioba Zangenfeind
Volontariat Kommunikation:
    Laura Diel
Fotoatelier:
    Simone Gänsheimer
    Ernst Jank
    Lukas Schramm
Verwaltung:
    Siegfried Häusler
    Birgit Kammerer
    Judith Kellermann
    Sabine Kippes
    Thomas Staska
Nachwuchskraft Verwaltung:
    Alaaddin Gülten
Museumsdienste:
    Andreas Hofstett
    Stefan Terhorst
    Sabine Winzenhöler

IMPRESSUM PUBLIKATION

Autor:
Orhan Pamuk

Herausgegeben von:
Matthias Mühling und Melanie Vietmeier
für die Städtische Galerie im Lenbachhaus
und Kunstbau München

Redaktion:
Annegret Klinker
Nicholas Maniu
Marina Schulz
Melanie Vietmeier
Lea Wittemöller

Übersetzung:
Gerhard Meier

Projektleitung und Lektorat:
Hanna Hesse

Korrektorat:
Ulrike Ebenritter
Wolfgang Schiener

Gestaltung:
Bureau Sandra Doeller
(Sandra Doeller, Merle Petsch)

Lithografie:
Lösch GmbH & Co. KG

Gesamtherstellung:
Lösch GmbH & Co. KG

Erste Auflage 2024
ISBN 978-3-446-28145-5

© 2024 Hanser Corporate im
Carl Hanser Verlag GmbH & Co. KG,
München

Printed in Germany

Städtische Galerie im Lenbachhaus
und Kunstbau München
Luisenstraße 33
80333 München
www.lenbachhaus.de

LENBACHHAUS

EIN MUSEUM
DER STADT
im Kunstareal
München